AF749032

CUADERNO DE TRABAJO
DE LOS PENSAMIENTOS NEGATIVOS

Habilidades de la TCC para superar la preocupación, la vergüenza y la rumiación repetitivas que impulsan a la ansiedad y la depresión

David A. Clark, PhD

Prólogo de Robert L. Leahy, PhD

CUADERNO DE TRABAJO DE LOS PENSAMIENTOS NEGATIVOS

Habilidades de la TCC para superar la preocupación, la vergüenza y la rumiación repetitivas que impulsan a la ansiedad y la depresión

Desclée De Brouwer

Título de la edición original:
The Negative Thoughts Workbook.
CBT Skills to Overcome the Repetitive Worry, Shame, and Rumination
That Drive Anxiety and Depression
© David A. Clark, 2020
New Harbinger Publications, Oakland, California, USA

© Traducción: Fernando Montesinos Pons

© EDITORIAL Desclée De Brouwer, S.A., 2022
Henao, 6 - 48009 BILBAO
www.edesclee.com
info@edesclee.com
Facebook: EditorialDesclee
Tiwtter: @EdDesclee

Cualquier forma de reproducción, distribución, comunicación pública y transformación de esta obra solo puede ser realizada con la autorización de sus titulares, salvo excepción prevista por la ley.
Diríjase a CEDRO (Centro Español de Derechos Reprográficos –www.cedro.org–), si necesita fotocopiar o escanear algún fragmento de esta obra.

Impreso en España - Printed in Spain
ISBN: 978-84-330-3179-2
Depósito Legal: BI-0570-2022
Impresión: Grafo, S.A. - Basauri

Índice

Prólogo

¿Se ve secuestrada su mente por pensamientos negativos repetitivos e intrusivos? Tal vez le preocupe que las cosas se desmoronen, no terminar su trabajo, que su jefe se enfade con usted o que su avión se estrelle. Podría descubrirse perdiendo horas de sueño precisamente porque le preocupa perder horas de sueño –y luego preocuparse por no ser capaz de rendir al día siguiente–. O puede que sus pensamientos negativos repetitivos (PNR) se centren en errores pasados, en contratiempos, en malas decisiones o en arrepentimientos que parecen seguirle a todas partes, por muy bien que le vayan hoy las cosas. Está anclado en el pasado –en esas rumiaciones que se cuelan en su mente atribulada y le privan de la capacidad de disfrutar del momento presente–. Puede dejar de preocuparse, porque este libro le ayudará a dejar ir los pensamientos que le atormentan mientras usted se centra en resolver problemas reales, en tiempo real, en el mundo real.

David A. Clark es un eminente psicólogo cognitivo-conductual cuya investigación sobre la ansiedad y la depresión es de primer nivel. Pero también es un profesional clínico bien dotado que es capaz de escribir para el público en general de una manera muy accesible y razonable. Este libro –*Cuaderno de trabajo de los pensamientos negativos*– es exactamente lo que todos necesitamos para poner nuestros pensamientos en orden. Lo que me parece especialmente alentador al leer este excelente cuaderno de trabajo es que el doctor Clark integra una amplia gama de enfoques de la terapia cognitivo-conductual a fin de proporcionarnos las mejores herramientas para hacer frente a esos molestos e intrusivos pensamientos negativos repetitivos.

Todos sabemos lo que supone que estos pensamientos negativos se apoderen de nosotros. A menudo sentimos que no tenemos ningún control sobre ellos –podemos pensar que debemos eliminarlos por completo–. O podemos pensar que tenemos que «responderles», comprometernos con ellos, pasar página inmediatamente. No podemos dejar estos pensamientos sin respuesta y sin concluir. Sin embargo, cuanto más intentamos librarnos del ruido que hay en nuestra cabeza, más rebotan esos pensamientos para secuestrarnos. Aprenderemos que cuanto más intentemos reprimir nuestros pensamientos, más fuerte gritarán el peligro y la urgencia que presentan en nuestra mente. Por suerte para nosotros, existe un camino diferente, y el doctor Clark nos guía por él.

La naturaleza de los pensamientos negativos repetitivos es tal que a menudo nos hace pensar que no podemos aceptar la incertidumbre, que necesitamos estar seguros, que tenemos que tomar el control de casi todo, que habitualmente nos hace centrarnos en la amenaza y que subestimemos nuestra capacidad para resolver problemas reales cuando estos existen de manera real. El cuaderno de trabajo del doctor Clark revisa la ciencia que hay detrás de estos pensamientos intrusivos y de estas suposiciones y nos guía paso a paso para cambiar estas creencias problemáticas que alimentan nuestra preocupación y nuestra rumiación. El doctor Clark nos ayuda a darnos cuenta de que la certeza es una ilusión, de que el mero hecho de no controlar algo no significa que el mundo se esté desmoronando, de que ahí fuera hay más seguridad que amenazas, de que la detección de las amenazas está en nuestra cabeza, no en el mundo real, y de que podemos resolver problemas reales, pero no podemos resolver problemas que no existen.

Si el lector cree que este es su caso y considera que su tensión, su ansiedad, su sueño o su funcionamiento diario se ven interrumpidos y comprometidos, este libro está hecho para él. El doctor Clark, un psicólogo de renombre mundial, que lleva décadas trabajando en la ansiedad, le ofrece su conocimiento, su sabiduría y sus valiosos consejos en este cuaderno de trabajo práctico y muy accesible. Piense que este libro equivale a tener un entrenador personal de clase mundial que, en lugar decirle, gritando, que se esfuerce más en la StairMaster, le ayuda amable y hábilmente a tener un mejor control sobre su mente y le dota de las mejores herramientas para afrontar esta tarea.

Escuche los consejos de cada capítulo, lea sus fundamentos, basados en lo que dice la ciencia moderna sobre la preocupación y la rumiación, y siga los ejercicios. Tal vez se sorprenda al descubrir, después de trabajar con los muchos ejercicios de este excelente cuaderno de trabajo, que sus pensamientos negativos repetitivos son como el ruido de fondo de la calle. En lugar de perseguir la ambulancia ficticia, quizás se conforme con verla desaparecer al girar la esquina. Y entonces se dará cuenta de que puede vivir la vida como desea.

—Robert L. Leahy, PhD
autor de *The Worry Cure* y de *The Jealousy Cure*,
y director del Instituto Americano de Terapia Cognitiva

Introducción

Es fácil sentirse abrumado y confundido por la amplia gama de consejos y opiniones de expertos sobre la manera de lograr la curación emocional y la plenitud. Existen numerosos recursos de autoayuda al alcance de nuestras manos, pero usted se ha sentido atraído por este libro por alguna razón. Tal vez se haya sentido ansioso, deprimido, culpable o haya estado enfadado durante mucho tiempo. Está, pues, decidido a mejorar, pero nada le ha resultado de ayuda hasta ahora. Está preparado para un enfoque diferente. Está claro que su angustia es consecuencia de algo malo que le ocurrió en el pasado y que no consigue superar. O podría haber estado preocupado por la posibilidad de que haya problemas en el futuro y no puede dejar de sentir esa preocupación. En su búsqueda de la curación emocional, se ha dado cuenta de que la respuesta pasa por:

- Cambiar su forma de pensar.
- Adoptar un enfoque más realista de los desafíos actuales.
- Ir más allá de lo que no se puede cambiar.

Pero, ¿cómo podemos conseguirlo?

Este cuaderno de trabajo ofrece un enfoque diferente para superar la angustia emocional. Reconoce que la ansiedad, la depresión, la culpa y otras emociones negativas persisten porque nos quedamos atrapados en el pensamiento negativo repetitivo ocasionado por las experiencias personales perturbadoras. Esta mentalidad recibe el nombre de *pensamiento negativo repetitivo* (PNR), y constituye el tema principal de este cuaderno de trabajo. Cuando nos vemos atrapados en un pensamiento negativo incontrolable, no podemos evitar sentirnos más angustiados. Actualmente se reconoce que el PNR interviene de una manera importante en la persistencia de la angustia personal, y se reconoce también que su tratamiento es importante para la recuperación emocional y el bienestar[1].

Cualquier experiencia de vida negativa, como la pérdida de una relación valiosa, los fracasos escolares o profesionales, los conflictos familiares, las malas noticias sobre la salud, las deudas financieras y las amenazas a la salud y la seguridad de los miembros de la familia, por citar solo algunos ejemplos, puede desencadenar el PNR. Cuando esto sucede, podemos vernos atrapados en un torbellino de pérdidas, derrotas, amenazas o sentimientos de injusticia. Al cambiar esta forma de pensamiento repetitivo, conseguiremos restablecer una mayor calma y equilibrio. Cuando esto suceda, usted será libre de hacer frente a sus dificultades actuales y de aceptar lo que no puede cambiarse en su vida.

El hecho de tomarse el tiempo necesario para trabajar en los PNR puede ser un paso importante en su itinerario de curación. Le felicito por poseer la gran fuerza de carácter necesaria para admitir la existencia de un problema personal, la determinación de mejorar y la apertura para preguntar: «¿Qué más puedo hacer para superar mi angustia?». Esta actitud le resultará útil cuando se sumerja en los ejercicios y en las hojas de trabajo que presentamos en este cuaderno de trabajo.

Sobre este cuaderno de trabajo

En los siguientes ocho capítulos descubrirá el modo en que el PNR es responsable de la persistencia de su angustia emocional. La mayoría de cuadernos de autoayuda se centran en una afección específica, como la depresión o la ansiedad. Nuestro *Cuaderno de trabajo de los pensamientos negativos* es diferente. Se centra en un síntoma específico que subyace en muchas emociones negativas. Los dos primeros capítulos presentan el PNR, la razón por la que no se puede controlar y la forma de evaluar la influencia que este tiene en el bienestar emocional. Los capítulos 3 y 4 proporcionan estrategias para superar dos tipos poderosos de pensamiento negativo repetitivo: la preocupación y la rumiación. Estas son las causas más comunes de la ansiedad y la depresión persistentes. A continuación, el cuaderno de trabajo se adentra en un territorio que raramente se tiene en

1. T. EHRING y E. R. WATKINS, «Repetitive Negative Thinking as a Transdiagnostic Process»: *International Journal of Cognitive Therapy* 1 (3) (2008), 192–205.

cuenta en otros recursos de autoayuda. Las emociones negativas, como el arrepentimiento, la vergüenza, la humillación y el resentimiento, son los temas de los capítulos 5 a 8. Cada uno de esos capítulos trata un estado emocional diferente. Aprenderá a distinguir si estas emociones son la causa de su angustia y a evaluar el papel del PNR en cada emoción. Las estrategias y los ejercicios específicos le ayudarán a trabajar estas emociones negativas, y lo harán abordando su pensamiento repetitivo acerca de las experiencias problemáticas del pasado.

Tanto si la angustia emocional lleva años desarrollándose como si es el resultado de un acontecimiento perturbador reciente, el trabajo sobre los pensamientos negativos repetitivos es una parte fundamental del proceso de recuperación. La ayuda que encontrará en este cuaderno de trabajo se basa en años de investigación psicológica que han demostrado que el hecho de cambiar nuestra forma de pensar es un camino importante hacia la salud y el bienestar emocionales.

¿Es este cuaderno de trabajo adecuado para usted?

La angustia emocional puede adoptar muchas formas. Su intensidad y el grado en que interfiere en la vida diaria pueden variar, pero hay una cosa que sigue siendo común: *los efectos debilitantes del PNR*. Si ha sentido pena en el pasado o tiene miedo del futuro, los capítulos sobre la preocupación y la rumiación le resultarán especialmente útiles. Las estrategias y las herramientas de evaluación del cuaderno de trabajo se basan en la investigación y son relevantes para la mayoría de tipos de angustia, incluso aquellos que implican un diagnóstico y el tratamiento con medicación o psicoterapia regular. Sea cual sea la intensidad de su angustia, descubrirá que el cuaderno de trabajo es un recurso importante en su búsqueda de una mejor salud emocional.

Nuestro *Cuaderno de trabajo de los pensamientos negativos* está diseñado para que los sujetos que padecen ansiedad, depresión, culpa o ira recurran a él de manera independiente. A medida que se adentre en él, tal vez descubra que las estrategias que aquí se presentan son más efectivas cuando se usan en el marco de un tratamiento psicológico o de sesiones de *counseling*. El capítulo 1 contiene información y herramientas de evaluación que le ayudarán a decidir si debe usar el cuaderno de trabajo con un terapeuta.

Cómo aprovechar al máximo el cuaderno de trabajo

Los capítulos 1 y 2 son de lectura obligada porque proporcionan material básico para el resto del cuaderno de trabajo. Las estrategias del cuaderno de trabajo serán menos efectivas si omite la lectura de los capítulos que parezcan más relevantes para su caso. Del mismo modo, la mayoría de las personas deben considerar relevantes desde el punto de vista personal los capítulos 3 y 4, porque la preocupación y la rumiación aparecen en la mayor parte de las formas de angustia. En cambio, el lector puede ser más selectivo en la lectura de los capítulos 5 a 8, porque se centran en tipos específicos de angustia emocional.

Como ocurre en la mayoría de los cuadernos de trabajo, usted aprovechará más la lectura si se toma su tiempo y hace los ejercicios de cada capítulo. Es posible que algunos ejercicios y hojas de trabajo le resulten más útiles que otros, por lo que es recomendable que se centre en ellos en su trabajo diario con los PNR. Algunos ejercicios tienen varios pasos, lo que quiere decir que requerirán más tiempo y práctica que las estrategias más sencillas. Le recomiendo que haga copias de algunas de las hojas de trabajo; también puede escribir las respuestas en el cuaderno de trabajo, para así tener un registro permanente.

El cuaderno de trabajo ofrece historias de «clientes» y, en ciertas ocasiones, hojas de trabajo completadas con fines educativos. Se trata de personajes ficticios basados en las experiencias de personas que he tratado con la terapia cognitivo-conductual (TCC) a lo largo de tres décadas de trabajo como psicólogo clínico, investigador y educador.

Al leer este cuaderno de trabajo, ha dado un paso importante para adoptar un enfoque diferente de su salud mental. Con este acto, está expresando el deseo de cambiar y una apertura a nuevos aprendizajes. Estas son cualidades maravillosas que le ayudarán a conseguir mucho más de su trabajo de autoayuda. Le felicito por mostrar iniciativa y autodeterminación, y espero que el tiempo y el esfuerzo que invierta en este cuaderno de trabajo le supongan un gran beneficio personal. Así que comencemos juntos nuestro trabajo sobre cómo superar la angustia personal abordando uno de sus pilares principales: el *pensamiento negativo repetitivo*.

Conozca sus trampas mentales

1

Los trastornos emocionales suelen verse desencadenados por experiencias vitales perturbadoras o altamente estresantes. Estos acontecimientos pueden ser tan fuertes que podrían llevarnos a atravesar períodos de angustia mental que duren meses. Durante ese tiempo, nuestra mente tiende a repetir los mismos temas una y otra vez. No podemos dejar de pensar en la experiencia negativa: por qué ocurrió, los efectos que tiene en nosotros, o si nuestra vida volverá a ser como antes. O nos vemos atrapados en bucles interminables, intentando no pensar en la experiencia, culpando a alguien de lo sucedido o preguntándonos cómo podemos seguir viviendo después de este terrible acontecimiento.

La vida puede ir mal de muchas maneras. La lista de malas experiencias es casi interminable. La pérdida de una relación valiosa, una injusticia cometida contra usted, un trato injusto o deshonesto, un fracaso profesional, una amenaza para la salud, las deudas financieras y un error grave o una irregularidad son solo algunos ejemplos de acontecimientos negativos de la vida. Y cuando a las personas buenas les ocurren cosas malas, esto prepara el terreno para el PNR. Podemos preocuparnos por el suceso, por sus causas y sus consecuencias, así como por su efecto en nosotros mismos y en el futuro. Cuando esto sucede, el PNR se convierte en el combustible que acelera nuestro dolor emocional y nuestro sufrimiento.

Este capítulo explora el PNR y sus efectos en la emoción negativa. El lector aprenderá a determinar si su pensamiento negativo se ha vuelto excesivamente repetitivo e incontrolable. También explicamos las causas y las consecuencias del PNR, y las hojas de trabajo y las instrucciones paso a paso le ayudarán a detectar sus desencadenantes y el impacto emocional. Asimismo, proporcionamos directrices y recomendaciones para determinar el momento en que la angustia puede requerir tratamiento profesional. Comencemos con Rhonda, que luchó contra la preocupación, uno de los tipos más comunes de PNR.

La historia de Rhonda: abrumada por la preocupación

Rhonda llevaba luchando contra la ansiedad y la preocupación desde la infancia. Ahora que era una madre de casi cuarenta años, la vida le ofrecía muchas ocasiones para preocuparse. Cada vez que veía a su hijo adolescente jugar a los videojuegos en lugar de hacer los deberes, se preocupaba por su falta de ambición y de aspiraciones profesionales. Su marido, Terry, tenía sobrepeso e hipertensión. Cada vez que se sentía agotado o se quejaba de no sentirse bien, Rhonda se preocupaba por si le daba un ataque al corazón. En el trabajo, su jefe se mostraba frío, crítico y exigente, de modo que Rhonda estaba continuamente preocupada por su rendimiento. Hasta las noticias bastante triviales, como la predicción de mal tiempo, podían provocar en ella una espiral de preocupación por llegar puntual al trabajo al día siguiente. Rhonda parecía capaz de convertir cualquier incertidumbre en preocupación. Y cuando se preocupaba, las olas de la ansiedad la invadían. A veces, si el problema era especialmente importante, la preocupación duraba horas. Y cuando eso ocurría, siempre tenía que ver con una catástrofe futura: un flujo incesante de «y si» que la dejaba paralizada por la incertidumbre. Era una fuerza mental imparable, que nunca conducía a una solución o a una nueva comprensión. Para millones de personas como Rhonda, la preocupación es una «trampa mental» irrefrenable que se vuelve más fuerte cuanto más se lucha contra ella.

¿Qué son los pensamientos negativos repetitivos?

Nuestra mente está pensando constantemente. Nuestra supervivencia depende de que aprendamos del pasado, de que comprendamos el presente y de que anticipemos el futuro. Somos criaturas que planifican, resuelven problemas y razonan para entenderse a sí mismas, el entorno en el que habitan y a los demás. Estamos programados para producir una corriente de pensamientos que van desde lo irrelevante y lo raro hasta cuestiones de gran importancia personal. Tendemos a pensar más profundamente en las cosas que más nos importan y podemos ignorar fácilmente los pensamientos que poco importan para nuestro bienestar personal. Si nuestra mente funcionara a la perfección, sería así. Pero la mente no es perfecta. Puede descontrolarse y causar una gran angustia personal. El PNR es un ejemplo de ello.

El PNR se encuentra en la depresión, en la ansiedad, en la culpa, en el resentimiento, en la vergüenza y en otros tipos de angustia. El PNR resulta evidente en los ejemplos de la preocupación de Rhonda. También es evidente en la rumiación sobre los objetivos no alcanzados, como: «¿Por qué lucho tanto con la depresión?», «¿Qué me pasa?», «¿Por qué no puedo tener éxito?» o: «¿Por qué ha habido tantas pérdidas en mi vida?». El PNR puede encontrarse en la culpa: «Debería haber sido menos rígido y exigente con mis hijos», «No debería haber dejado la universidad», o: «Debería haber ahorrado más para mi jubilación». El PNR puede centrarse en alguna situación pasada en la que hayamos experimentado vergüenza o bochorno, como el hecho de revivir una crítica verbal en una reunión importante, de recordar una presentación desastrosa a causa de la ansiedad, o de preocuparse por aquella vez en que su cónyuge se enfrentó a usted por algún comportamiento embarazoso que usted intentó mantener en secreto. En otras ocasiones, el PNR adopta la forma de resentimiento, como el recuerdo de una crítica injusta por parte de un amigo cercano, el recuerdo de un trabajo arduo al que no se le da mucha importancia, o el recuerdo de haber sido castigado de manera injusta por alguna acción o decisión.

¿Se siente identificado con los anteriores ejemplos sobre el pensamiento repetitivo? ¿O se queda con la duda de si el PNR es relevante para su angustia? Para responder a esta pregunta, tenemos que comprender mejor el PNR. Comencemos con una definición del mismo: el PNR es *un pensamiento negativo repetitivo pasivo, centrado en uno mismo y difícil de controlar*[1]. Prácticamente cualquier experiencia de vida negativa puede desencadenar un pensamiento negativo repetido e incontrolable. Para determinar si usted experimenta un PNR, tenga en cuenta sus características principales.

- *Repetitivo.* El PNR es una forma obstinada de pensamiento que vuelve una y otra vez a pesar de nuestros mejores esfuerzos por pensar

1. T. Ehring y E. R. Watkins, «Repetitive Negative Thinking as a Transdiagnostic Process»: *International Journal of Cognitive Therapy* 1 (3) (2008), 192-205.

de forma más positiva. El PNR rara vez va más allá de los mismos temas negativos sobre uno mismo o sobre una experiencia problemática. Rhonda se preocupaba con frecuencia por la seguridad laboral. Siempre volvía a las mismas dudas sobre su nivel de productividad y sobre la calidad de sus informes.

- *Negativo.* Si bien cualquier pensamiento puede ser repetitivo, los negativos son especialmente potentes porque implican alguna amenaza para nuestro bienestar. También somos más propensos a creer en nuestros pensamientos negativos cuando nos sentimos angustiados. La preocupación de Rhonda no tuvo lugar porque pensara en todas las cosas positivas que podían suceder en el futuro. Su preocupación se centraba siempre, más bien, en las posibilidades oscuras y en sus consecuencias negativas inmediatas.
- *Intrusivo.* El PNR aparece como un ladrón en la noche. Un pensamiento, una imagen o un recuerdo pueden aparecer en nuestra mente y, antes siquiera de darnos cuenta, estamos atrapados en la trampa mental del PNR. Rhonda podía estar centrada en su trabajo y, de repente, cruzársele un pensamiento sobre su hijo en la escuela. Esto podría desencadenar un círculo vicioso de preocupación por su futuro y por su falta de ambición, dificultando la concentración en el trabajo.
- *Inquebrantable.* No es fácil desconectar el pensamiento negativo una vez que ha empezado. En el PNR, el pensamiento negativo se vuelve «pegajoso», lo que dificulta el desvío de la atención a los pensamientos positivos. Esto crea un sesgo de negatividad o un desequilibrio en nuestro estilo de pensamiento. A Rhonda le resultaba casi imposible pensar de forma más positiva en su hijo una vez que empezaba a preocuparse por su falta de ambición. Esta incapacidad de desprenderse del pensamiento negativo resulta especialmente evidente en la depresión.
- *Incontrolable.* Cuando estamos atrapados en la trampa del PNR, puede parecer que perdemos la cabeza. Nos esforzamos en pensar en otra cosa o en ser más positivos, pero rápidamente volvemos a nuestra forma de pensar negativa. Cuando se preocupaba por las finanzas, Rhonda se repetía para sí misma: «Todo irá bien; todo se solucionará», pero

esas palabras tranquilizadoras nunca le convencían. Su mente se asentaba siempre en alguna catástrofe financiera, a pesar de que sabía que no era racional. A veces su preocupación era tan incontrolable que le hacía dudar de su cordura y de su nivel de autocontrol.

- *Abstracto*. Cuando experimentamos PNR, tendemos a pensar de forma abstracta. Esto implica pensar en nosotros mismos o en una experiencia negativa de una manera general e hipotética que está desconectada de la realidad[2]. Rhonda experimentó PNR sobre el futuro de su hijo, pero los pensamientos preocupantes solo se centraron vagamente en culparse a sí misma como una mala madre e imaginar a su hijo como un «adulto fracasado». Nunca pensó en términos específicos, como la causa de la rebeldía de su hijo adolescente o lo que significaba ser un «adulto fracasado».
- *Pasivo*. El PNR es una forma de pensamiento pasiva, lo que quiere decir que tendemos a caer en él sin ningún esfuerzo ni una intención real. Rhonda nunca tuvo que recordarse a sí misma que debía preocuparse por el rendimiento escolar de su hijo. En lugar de ello, la preocupación podía llegarle de repente y no abandonar su mente durante horas. Podía concentrarse en otras cosas, pero la preocupación podía permanecer durante mucho tiempo en el fondo de su mente.

La figura 1.1 resume las características principales del PNR. Ahora que usted entiende el PNR, complete el siguiente ejercicio para evaluar si su pensamiento negativo puede calificarse como pensamiento negativo repetitivo.

2. E. R. WATKINS, *Rumination-Focused Cognitive-Behavioral Therapy for Depression*, Guilford Press, Nueva York 2016.

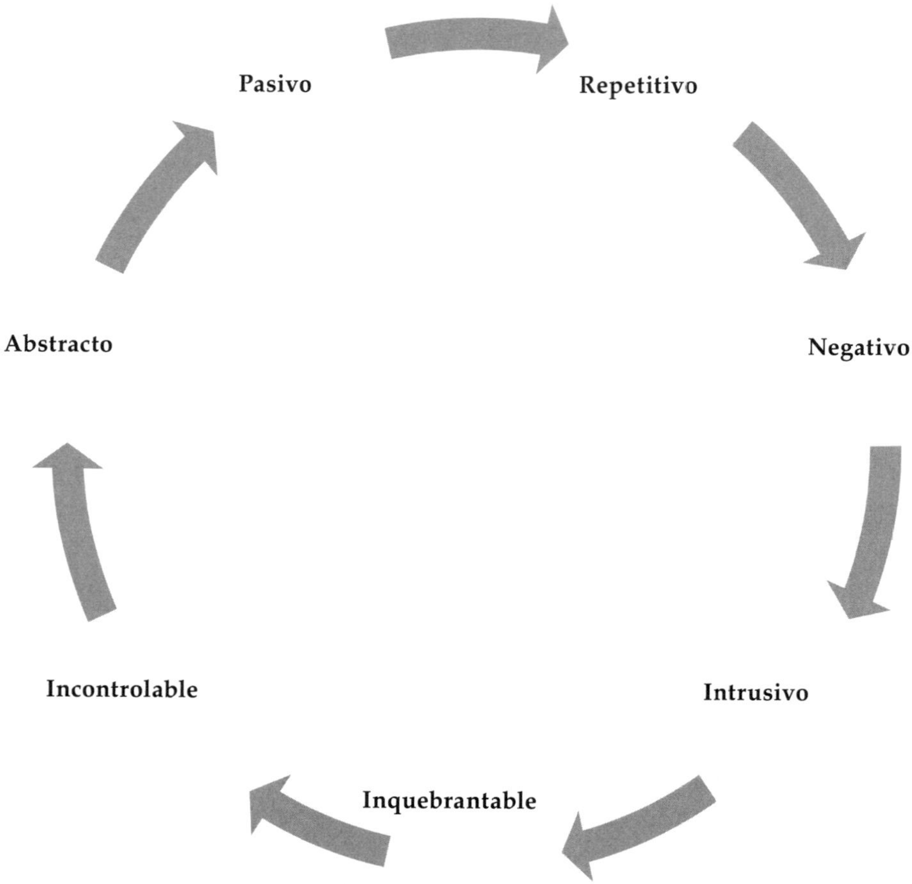

Figura 1.1. Elementos básicos del pensamiento negativo repetitivo

Ejercicio: Detectar experiencias y pensamientos negativos

Paso 1. Enumere hasta tres experiencias negativas en las que piense a menudo.

1. ______
2. ______
3. ______

Paso 2. Anote los pensamientos negativos recurrentes asociados a una o varias de estas experiencias. Si tiene pensamientos negativos repetidos pero no están relacionados con un acontecimiento de vida negativo, puede anotar estos pensamientos en el espacio provisto. Si ha enumerado otras experiencias estresantes, escriba también sus pensamientos negativos repetitivos sobre estas experiencias. Puede usar más papel en caso de que necesite más espacio.

1. ______
2. ______
3. ______

Paso 3. Vuelva a observar las siete características del pensamiento negativo de la figura 1.1. ¿Tienen los pensamientos que ha enumerado estas características? Use la lista de verificación para indicar las características que se aplican a cada pensamiento negativo.

Pensamiento negativo #1	Pensamiento negativo #2	Pensamiento negativo #3
☐ repetitivo	☐ repetitivo	☐ repetitivo
☐ negativo	☐ negativo	☐ negativo
☐ intrusivo	☐ intrusivo	☐ intrusivo
☐ inquebrantable	☐ inquebrantable	☐ inquebrantable
☐ incontrolable	☐ incontrolable	☐ incontrolable
☐ abstracto	☐ abstracto	☐ abstracto
☐ pasivo	☐ pasivo	☐ pasivo

¿Es compatible su pensamiento negativo sobre las experiencias estresantes de la vida con el PNR? Si ha marcado la mayoría de los ítems en relación con sus pensamientos negativos, entonces su pensamiento negativo puede calificarse como PNR. Deberá realizar un trabajo de evaluación adicional para asegurarse de ello. Puede usar las características del paso 3 para examinar cualquier experiencia y pensamiento que sospeche que puede ajustarse a un patrón de PNR en su caso.

El ejercicio anterior ha sido su primer encuentro con el PNR. Después de completar el resto de ejercicios de este capítulo, es recomendable que haga cambios en los pensamientos negativos recurrentes que enumeró en el paso 2. Si tiene dificultades para detectar el PNR, el siguiente ejercicio presenta una lista de verificación que proporciona una evaluación más completa y profunda de los sentimientos y los pensamientos negativos.

La evaluación del PNR

Es posible que el lector aún no tenga claro el papel del PNR en su ansiedad, en su depresión o en otra emoción negativa. Posiblemente esté tan centrado en las dificultades y la angustia emocional que no se haya planteado que *nuestra forma de pensar afecta a cómo nos sentimos*. Independientemente de cuál sea su postura con respecto al PNR, complete la siguiente lista de verificación para una evaluación más detallada de los pensamientos negativos que enumeró en el ejercicio anterior.

Ejercicio: La lista de verificación del PNR

Marque con una cruz las afirmaciones que describen cómo experimenta los pensamientos negativos enumerados en el ejercicio anterior.

- ☐ El pensamiento negativo sobre mí o una experiencia vuelve a mi mente una y otra vez.
- ☐ El pensamiento aparece en mi mente repetidamente a lo largo del día.
- ☐ Una vez que empiezo a pensar así, no puedo detenerme.
- ☐ Los mismos pensamientos negativos se repiten sin variar mucho el tema o el contenido de los mismos.
- ☐ Parece que me atrae irresistiblemente el pensamiento negativo, incluso cuando no quiero pensar en él.
- ☐ Me quedo atascado en el pensamiento y no puedo desplazar mi atención a otra cosa.
- ☐ Siento que mi mente es como un disco rayado; me quedo atascado en los mismos temas y no puedo avanzar.
- ☐ A pesar de que pienso una y otra vez en este tema, no he avanzado en la resolución del problema.
- ☐ No puedo pensar en mí o en mi experiencia de una manera más positiva o esperanzadora.
- ☐ A pesar de mis mejores esfuerzos, no puedo olvidar esta situación o experiencia.
- ☐ Paso mucho tiempo pensando de manera negativa en mí mismo o en mi experiencia.
- ☐ Me siento abrumado por los pensamientos negativos recurrentes sobre mí mismo, sobre mi vida o sobre mi futuro.
- ☐ A menudo me pregunto qué me pasa o por qué me ha ocurrido una experiencia negativa.
- ☐ Mis pensamientos negativos repetitivos conllevan mucha autoculpabilización y crítica.
- ☐ Mi estado de ánimo empeora siempre cuando pienso de manera negativa en mí mismo o en la experiencia.

No hay puntuaciones de corte establecidas para la lista de verificación del PNR, pero en caso de que haya marcado diez o más afirmaciones, es probable que su pensamiento negativo se ajuste a los criterios del PNR.

Estos ítems se basan en estudios psicométricos sobre instrumentos de medida del PNR reconocidos, como el Cuestionario de Pensamiento Perseverativo[3], el Cuestionario de Pensamiento Repetitivo[4] y la Escala de Respuestas Rumiativas[5].

Conozca los desencadenantes

El PNR no aparece de la nada. Suele verse desencadenado por un comentario, por una situación o por un pensamiento intrusivo (espontáneo). En el caso de Rhonda, el comentario frívolo de su hijo sobre el aburrimiento en la escuela podía desencadenar una intensa preocupación sobre su futuro y sobre si «desperdiciará su vida». Otra persona se sintió de nuevo sumergida en una ronda de PNR cuando le recordaron que había rechazado una importante oportunidad profesional. Cuanto más PNR experimentamos, más fácilmente se ven desencadenados por una gama cada vez más amplia de situaciones, de recordatorios o de pensamientos intrusivos. Por tanto, es importante que el lector conozca sus desencadenantes. El siguiente ejercicio le ayudará a mejorar su conciencia de los desencadenantes del PNR.

3. T. Ehring, U. Zetsche, K. Weidacker, K. Wahl, S. Schöenfeld y A. Ehlers, «The Perseverative Thinking Questionnaire (PTQ): Validation of a Content-Independent Measure of Repetitive Negative Thinking»: *Journal of Behavior Therapy and Experimental Psychiatry* 42 (2) (2011), 225–232.
4. P. M. McEvoy, A. E. J. Mahoney y M. L. Moulds, «Are Worry, Rumination, and Post-Event Processing One and the Same? Development of the Repetitive Thinking Questionnaire»: *Journal of Anxiety Disorders* 24 (5) (2010), 509–519.
5. W. Treynor, R. Gonzalez y S. Nolen-Hoeksema, «Rumination Reconsidered: A Psychometric Analysis»: *Cognitive Therapy and Research* 27 (3) (2003), 247–259.

Ejercicio: El registro de los desencadenantes del PNR

Recuerde los momentos en los que ha experimentado un PNR. Anote los desencadenantes (situaciones, comentarios, recuerdos o pensamientos espontáneos) que puedan haber tenido lugar justo antes de experimentar un pensamiento negativo repetitivo. Use la siguiente hoja de trabajo para registrar los desencadenantes de su PNR.

Día	Desencadenantes: situación, contexto	Desencadenantes: sentimiento, pensamiento espontáneo (intrusivo),	Desencadenantes: recuerdo intrusivo
(Ejemplos de Rhonda)	*El jefe tenía una mirada seria mientras leía mi informe. Una compañera de trabajo habla de la beca de su hija. Durante el almuerzo, un amigo comenta que su vecino ha sufrido un ataque al corazón.*	*Pensamiento espontáneo de su hijo no prestando atención en clase. Pensamiento repentino de la advertencia del médico de cabecera a su marido en su última visita.*	*Imagen intrusiva conduciendo de camino a casa por carreteras nevadas.*

Revise su hoja de trabajo y vea qué puede aprender sobre los tipos de situaciones, pensamientos, recuerdos o sentimientos que desencadenaron su PNR. Pregúntese a sí mismo:

- ¿Advierto algún patrón?
- ¿Reacciono más a algunas situaciones que a otras?
- ¿Soy particularmente sensible a ciertos comentarios de otras personas?
- ¿Suele verse desencadenado mi pensamiento negativo repetitivo por un pensamiento intrusivo no deseado?

Anote aquí sus impresiones; continúe en una hoja o en un diario aparte en caso de que se quede sin espacio. Si no puede recordar las experiencias del PNR, haga un seguimiento de sus pensamientos negativos recurrentes durante los próximos tres días y anote los desencadenantes en la hoja de trabajo.

El hecho de tomar una mayor conciencia de su sensibilidad a los desencadenantes es un paso necesario para cambiar su forma de enfrentarse al PNR y a su angustia. Es recomendable que enfoque las estrategias del PNR que presentamos en los siguientes capítulos en sus desencadenantes. En lugar de seguir con la evitación, conviene que se centre más en cambiar su forma de reaccionar a los elementos o situaciones que desencadenan en usted el PNR.

Atrapado en su cabeza: las consecuencias del PNR

Una vez desencadenado, el PNR tiene un efecto negativo en nuestra forma de pensar, sentir y comportarnos. En la figura 1.2 representamos estos efectos como un círculo vicioso en el que los efectos se refuerzan mutuamente y provocan una mayor interferencia en la vida diaria.

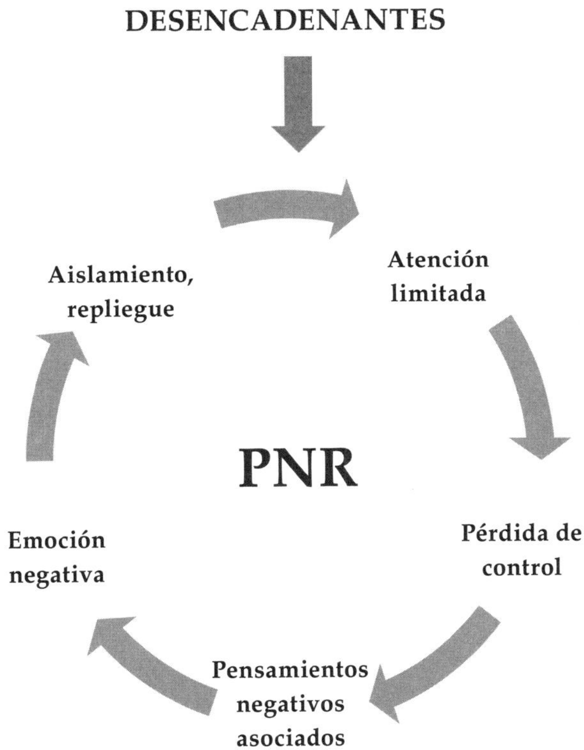

Figura 1.2. Los efectos negativos del PNR

El primer efecto negativo del PNR es la limitación de la atención hacia cierto contenido de pensamiento negativo. Cuando Rhonda se preocupaba por su hijo, solo pensaba en él como un joven que no estaba a la altura de sus posibilidades. A Rhonda le costaba pensar en él de otra manera. Se encerraba en este tema negativo, y su mente parecía incapaz de considerar otras alternativas.

Cuando nos vemos atrapados en la experiencia del PNR, sentimos una pérdida de control mental. Sabemos que nuestros pensamientos negativos sesgados son contraproducentes, pero somos incapaces de librarnos del bloqueo mental. Queremos pensar de forma más positiva, pero cuanto más lo intentamos, más peso tienen los pensamientos negativos. Esta sensación de incontrolabilidad puede provocar en nosotros mismos una inseguridad y una duda considerables, reforzando las creencias poco útiles de que somos débiles, unos perdedores, unos fracasados o indignos. Los pensamientos ansiosos de peligro y de amenaza personal se vuelven abrumadores, y los pensamientos de un futuro sin esperanza parecen evidentes.

El PNR tiene una mayor repercusión en los sentimientos y el comportamiento. Cuando se ven atrapadas en el PNR, las personas se vuelven más ansiosas, deprimidas, frustradas, irritables, culpables e incluso iracundas. Pueden preferir la soledad y evitar socializar con los amigos y la familia. Rhonda solía rechazar las invitaciones de sus amigos íntimos y prefería pasar las tardes y los fines de semana sola en casa o con su familia. El hecho de socializar se volvió cada vez más difícil y menos agradable, ya que pasaba cada vez más tiempo en sus propias cavilaciones. Esto le ofrecía más oportunidades de participar en otras formas de pensamiento negativo, como la autoevaluación sesgada, el procesamiento posterior a los eventos y el pesimismo defensivo. A fin de comprender plenamente el impacto personal del PNR, dedique unos minutos a completar el siguiente ejercicio.

Ejercicio: La escala de consecuencias del PNR

A continuación presentamos una escala con varias afirmaciones que describe las formas en que el PNR puede afectar negativamente a su vida diaria y a su satisfacción con la vida. Use la escala de valoración de tres puntos para indicar la relevancia que tiene cada afirmación en su experiencia del PNR.

Afirmaciones	Nada relevante	Algo relevante	Muy relevante
1. Prácticamente cualquier cosa puede hacerme caer en episodios de pensamientos negativos repetitivos.	0	1	2
2. Mi pensamiento negativo tiende a centrarse en uno o dos temas, por lo que es muy repetitivo.	0	1	2
3. Me quedo atascado en el pensamiento negativo y no puedo ver las cosas de otra manera.	0	1	2
4. Me siento abrumado por el pensamiento negativo y parece que no puedo controlarlo.	0	1	2
5. Una vez que comienza, parece que no puedo dejar de pensar de manera negativa.	0	1	2
6. A menudo siento que pierdo el control de mi mente.	0	1	2
7. Cuando estoy atascado en un pensamiento negativo, me vuelvo más autocrítico.	0	1	2
8. Me preocupa mi salud mental o mi capacidad de ser feliz cuando experimento un PNR.	0	1	2
9. Creo que, de alguna manera, estoy siendo castigado por mi implacable pensamiento negativo.	0	1	2
10. Me siento culpable por quedarme atrapado en un pensamiento negativo.	0	1	2
11. Cuando experimento un PNR, me siento cada vez más deprimido.	0	1	2
12. Cuando no puedo detener los pensamientos negativos repetitivos, me siento ansioso o frustrado.	0	1	2
13. Prefiero estar solo y no hacer nada cuando estoy atrapado en ciclos de pensamiento negativo.	0	1	2
14. Cuando tengo un episodio de PNR, paso más tiempo en la cama o simplemente descansando.	0	1	2
15. Cuando experimento un PNR, evito el contacto social.	0	1	2

En caso de que haya marcado el 1 o el 2 en 10 o más afirmaciones, el PNR podría estar teniendo un impacto negativo significativo en su bienestar emocional. La escala ha sido creada explícitamente para este cuaderno de trabajo, de modo que no existe ninguna investigación independiente que determine su validez o precisión. Debería emplearse como una guía aproximada para indicar si el PNR puede ser un factor significativo en su trastorno emocional.

Conviene que, a medida que continúe trabajando en su PNR en los siguientes capítulos, consulte estas evaluaciones para así poder determinar en qué medida ha conseguido reducir los efectos negativos del PNR. Posiblemente haya completado los ejercicios de evaluación y haya quedado claro que el PNR es un problema importante en su vida. Puede que se esté preguntando ahora si debe continuar con el cuaderno de trabajo por su cuenta o si debería trabajar con un terapeuta de salud mental (si no participa ya en alguna terapia). La siguiente sección ofrece algunas orientaciones sobre esta cuestión.

Cuándo buscar ayuda profesional

Nuestro *Cuaderno de trabajo de los pensamientos negativos* es un recurso de autoayuda escrito para el público en general. Sin embargo, muchas personas descubren que la autoayuda por sí sola no basta. Se dan cuenta de que la ayuda de un profesional de la salud mental cualificado puede conducir a un cambio más profundo y duradero. Si acude a un terapeuta por problemas de angustia emocional, los ejercicios de este cuaderno pueden incluirse en la terapia, especialmente si está recibiendo TCC. Debe informar a su terapeuta de cualquier material de autoayuda que esté leyendo, lo que incluye este cuaderno de trabajo. Si no está recibiendo ningún tratamiento de salud mental, consulte con un profesional de salud mental cualificado cuando la angustia emocional sea intensa, sea persistente, cause una interferencia significativa en su funcionamiento diario o esté asociada a una experiencia traumática. Además, debe buscar ayuda profesional en caso de que experimente una reducción bastante repentina en el funcionamiento emocional caracterizada por una alteración significativa de la personalidad. El consejo de los miembros de la familia y los amigos íntimos puede ser útil, porque ellos suelen tener una mayor conciencia de los distintos cambios que se producen en nuestro funcionamiento y en nuestro estado emocional. La siguiente lista de verificación proporciona algunos indicadores para determinar cuándo debe visitar a un especialista de salud mental.

Ejercicio: La lista de verificación de la angustia emocional

Lea las siguientes afirmaciones y marque la columna «Sí» en caso de que la afirmación describa cómo ha estado pensando, cómo se ha estado sintiendo o cómo se ha comportado durante el último mes o más.

Afirmaciones	Sí	No
1. Experimento episodios muy intensos de depresión, ansiedad, ira u otras emociones negativas.		
2. Cuando me deprimo o me enfado, la depresión puede durar días o incluso semanas.		
3. Tengo poco control sobre mi angustia cuando se produce.		
4. El hecho de enfadarme influye enormemente en mi funcionamiento diario.		
5. A menudo tengo pensamientos suicidas o de autolesionarme.		
6. Duermo mal la mayoría de las noches.		
7. Cuando estoy enfadado, tiendo a aislarme y a replegarme.		
8. Tengo problemas para controlar mi ira y puedo ser bastante hiriente con los demás.		
9. Cuando estoy enfadado, ansioso o deprimido, recurro a la procrastinación y a la evitación para hacer frente a las exigencias de la vida.		
10. Cuando me siento ansioso o deprimido, tiendo a consumir alcohol u otras sustancias a fin de aliviar el dolor emocional.		
11. Hace semanas que no soy capaz de experimentar emociones positivas, como la alegría, la paz o la satisfacción.		
12. Mis emociones fluctúan de un extremo al otro.		
13. A menudo tengo conflictos o discusiones con amigos, compañeros de trabajo o conocidos.		
14. Cuando estoy emocionalmente alterado, frustrado o enfadado, puedo volverme verbal o físicamente agresivo.		
15. Tengo pensamientos e ideas que otras personas consideran extraños o incluso perturbadores.		
16. Tengo problemas para realizar incluso las actividades rutinarias de la vida diaria.		
17. He advertido un empeoramiento importante de mi memoria y mi concentración.		

Si ha marcado varias de estas afirmaciones, debería considerar la posibilidad de hablar con su médico de cabecera o con un profesional de la salud mental sobre su estado emocional. Esta lista no incluye todos los indicadores que usan los profesionales sanitarios para determinar la presencia de un trastorno mental.

Solo una evaluación diagnóstica rigurosa por parte de un profesional de la salud mental cualificado puede determinar si su angustia cumple los criterios que permiten considerarlo un trastorno psiquiátrico o psicológico. La «Lista de verificación de la angustia emocional» es un instrumento de detección. Si ha marcado varios ítems, puede que este cuaderno de trabajo le resulte más eficaz si lo usa contando con la orientación y la supervisión de un terapeuta de salud mental.

Resumen

En este capítulo hemos aprendido lo siguiente:

- Los estados emocionales negativos, como la depresión, la ansiedad, la culpa, la ira y la vergüenza, persisten a menudo porque la gente queda atrapada en una mentalidad negativa.
- Existe un tipo especial de angustia mental, denominada pensamiento negativo repetitivo (PNR), que atrapa a las personas en una perspectiva negativa sobre sí mismas, las circunstancias de su vida y su futuro.
- El PNR es una forma de pensamiento pasivo, intrusivo, incontrolable y abstracto que se experimenta más comúnmente como preocupación ansiosa o rumiación depresiva.
- El PNR contribuye a la angustia personal al reducir nuestra atención, al intensificar una sensación de pérdida de control, al magnificar los sentimientos y los pensamientos negativos, y al promover el aislamiento y el repliegue social.

- El primer paso para liberarse de este bloqueo mental es saber si su pensamiento negativo recibe la calificación de PNR y determinar cómo le afecta.
- Todo el mundo ha experimentado angustia personal en algún momento de su vida. Es importante conocer los límites de la autorrecuperación de la depresión, la ansiedad y otras emociones negativas a fin de sacar el máximo provecho de este cuaderno de trabajo.

¿Y ahora qué?

Ahora que ha adquirido una mayor comprensión de sus pensamientos negativos repetitivos y de su angustia recurrente, es hora de considerar un segundo factor importante: la pérdida de autocontrol. Durante décadas, los psicólogos han reconocido la existencia de una relación íntima entre la frecuencia y la intensidad de los pensamientos negativos y la sensación de controlabilidad. Cuando los pensamientos no deseados son frecuentes y fuente de angustia, sentimos una pérdida de autocontrol. Justo en el momento en que más necesitamos el control, este parece desvanecerse. Esto plantea un dilema, que puede recibir el nombre de «la paradoja del control mental». Hablaremos de esto en el capítulo 2.

Gestione la paradoja del control

2

El autocontrol es la piedra angular de la salud y el bienestar emocionales. Todos nos esforzamos por mejorar el autocontrol sobre nuestros sentimientos y comportamientos. Asimismo, muchos de nuestros arrepentimientos tienen que ver con momentos en los que perdimos el control, especialmente delante de los demás. Admiramos a las personas que pueden desactivar la preocupación cuando hacen frente a la incertidumbre o a las que pueden superar los fracasos y los errores del pasado sin caer en el desánimo, en la culpa o en la derrota. Existen muchas investigaciones que apoyan este sentimiento. El alto autocontrol es un ingrediente importante para la salud emocional, el éxito a largo plazo y la satisfacción con la vida.

La importancia del autocontrol se extiende a nuestra mente. Nuestro cerebro genera continuamente miles de pensamientos, de imágenes, de percepciones y de recuerdos. Debemos dirigir nuestra atención a los *pensamientos* importantes e ignorar los que no lo son. Esto requiere una cantidad considerable de autocontrol mental. La capacidad de nuestra mente para distinguir los pensamientos importantes de los que no lo son tiene su origen en la parte del cerebro llamada córtex prefrontal. Por desgracia, el autocontrol mental no es perfecto, por lo que a menudo prestamos demasiada atención a pensamientos irrelevantes, o nos quedamos atascados en formas de pensar inútiles o incluso tóxicas. Esto es lo que ocurre en el PNR.

En el capítulo anterior presentamos a Rhonda, que luchaba contra la ansiedad generalizada y la preocupación. Una de sus preocupaciones estaba relacionada con las finanzas y con si estaba ahorrando lo suficiente para su jubilación. Su preocupación excesiva es un buen ejemplo del fracaso del control mental. Se decía a sí misma: «No te preocupes; la jubilación queda muy lejos». Pero este consejo nunca le sirvió de nada. Por mucho que lo intentara, la preocupación continuaba. ¡Era como si se topara con un muro mental! Cuanto más trataba de controlar la preocupación, menos sensación de control de la misma tenía. Rhonda estaba viviendo la *paradoja del control mental.*

Si alguna vez ha competido, sabrá que su rendimiento puede empeorar si se esfuerza demasiado. «Esforzarse demasiado» es el tema principal de este capítulo. Es fundamental para la paradoja del control mental. Aprenderemos que la mejor manera de ganar control sobre el PNR consiste en dejar ir ese control. Además, descubrirá si está confiando demasiado en las estrategias de control mental ineficaces, en lugar de hacerlo en las eficaces. Los ejercicios y las hojas de trabajo le ayudarán a poner de relieve los problemas que surgen con sus esfuerzos por controlar el PNR, que contribuye a su angustia emocional.

Los osos blancos y la paradoja del control mental

¡Comencemos con los osos blancos! Una de nuestras capacidades mentales más básicas es la de dirigir nuestra atención y nuestra concentración a los pensamientos relevantes para la tarea que tenemos entre manos y de no dejarnos distraer por los pensamientos irrelevantes. A modo de ejemplo, necesito el suficiente control mental para centrarme en las ideas que son relevantes para escribir este párrafo y para ignorar pensamientos intrusivos tales como: «¿Qué voy a comer?». Ahora bien, el autocontrol no es ilimitado y puede fallar en los momentos en que más lo necesitamos. ¿Ha advertido esto en el control de su pensamiento? Hay ocasiones en que tenemos un gran poder de concentración, pero en otras nuestro control mental es débil y nos distraemos con facilidad.

Los psicólogos han aprendido mucho sobre los misterios del control mental. Una de las preguntas más importantes es: *¿Cuánto control tenemos sobre los pensamientos emocionales no deseados?* ¿Es posible desterrar deliberadamente los pensamientos recurrentes y no deseados de nuestra mente? Comencemos por considerar los límites del control mental y lo que esto significa para el trabajo que usted realizará en este cuaderno de trabajo.

Gran parte de nuestros conocimientos sobre los límites del control mental provienen de un experimento ingenioso desarrollado por el difunto psicólogo de Harvard Daniel Wegner[1]. Wegner demostró que el hecho de pedir a la gente que *no* pensara en un oso blanco durante dos minutos provocaba un *aumento* de los pensamientos en el oso blanco en ese período de tiempo. Desde ese experimento original se han realizado numerosos estudios sobre el «oso blanco». Estos estudios indican que nuestra capacidad de *no pensar* (suprimir) los pensamientos no deseados es limitada, y a menudo tales esfuerzos acaban provocando más pensamientos no deseados. De todas formas, el lector no tiene por qué fiarse de mi palabra. Haga la prueba usted mismo en el siguiente ejercicio.

Ejercicio: El experimento del oso blanco

Este experimento consta de dos partes. La primera de ellas, denominada «retención del pensamiento», pone a prueba la capacidad de mantener la atención en un solo pensamiento. Cierre los ojos y piense en un oso blanco. Intente mantener su mente centrada en el oso blanco con todas sus fuerzas. Si aparecen otros pensamientos en su mente, limítese a anotar la interrupción en una hoja de papel –haga una marca– y vuelva a centrar su atención en el oso blanco. Después de dos minutos, abra los ojos y cuente el número de interrupciones que ha experimentado mientras trataba de pensar en el oso blanco. Anote el número total de interrupciones del pensamiento y evalúe su experiencia usando la escala de tres puntos que aparece a continuación.

Retención del pensamiento

1. Número de interrupciones del pensamiento: ____________
2. ¿Tuvo éxito en su intento de mantener la concentración? 0 = sin éxito, 1 = poco éxito, 2 = mucho éxito
3. ¿Cuánto esfuerzo ha sido necesario para *permanecer centrado* en el oso blanco? 0 = ningún esfuerzo, 1 = un pequeño esfuerzo, 2 = un gran esfuerzo

La segunda parte del experimento recibe el nombre de «rechazo del pensamiento». Una vez más, cierre los ojos y, durante los dos próximos minutos, intente no pensar en un oso blanco. Debe intentar suprimir o evitar, con todas sus fuerzas,

1. D. M. Wegner, *White Bears and Other Unwanted Thoughts: Suppression, Obsession, and the Psychology of Mental Control*, Guilford Press, Nueva York 1994.

cualquier pensamiento de un oso blanco que entre en su mente. Si el pensamiento del oso blanco aparece en su mente, haga una marca en la hoja de papel y, a continuación, dirija suavemente su atención a otros pensamientos. Válgase de las siguientes escalas para registrar su experiencia al intentar no pensar en un oso blanco.

Rechazo del pensamiento

1. Número de veces que irrumpió el pensamiento del oso blanco: ____________
2. ¿Tuvo éxito en su intento de suprimir el pensamiento del oso blanco? 0 = sin éxito, 1 = poco éxito, 2 = mucho éxito
3. ¿Cuánto esfuerzo ha sido necesario para *no pensar* en el oso blanco? 0 = ningún esfuerzo, 1 = un pequeño esfuerzo, 2 = un gran esfuerzo

¿Le resultó mucho más difícil suprimir el pensamiento del oso blanco (rechazo) que mantenerlo en su mente (retención)? ¿Qué le sorprendió más, el esfuerzo necesario para mantener su atención centrada en un único pensamiento o el esfuerzo necesario para suprimir un pensamiento no deseado? A la mayoría de las personas les cuesta más suprimir el pensamiento del oso blanco y a menudo les sorprende su escasa capacidad de supresión.

¿Ha sido este ejercicio un buen recordatorio de que nuestro control mental es limitado? En cierto modo, usted también ha experimentado los efectos negativos de intentar no pensar en algo. Imagine lo difícil que sería la supresión si el pensamiento fuera importante para usted –un profundo arrepentimiento, por ejemplo– y estuviera tratando de «no pensar» en ello durante horas o días sin parar. Tratar de *no pensar* en algo que resulta significativo a nivel personal puede causar más efectos negativos que tratar de suprimir un pensamiento insignificante como un oso blanco. Con algo importante, usted se preocuparía más por la intrusión no deseada. Tendría más dificultades para desplazar su atención a otra cosa porque se estaría diciendo a sí mismo: «Tengo que dejar de pensar de forma tan negativa». Su fracaso repetido a la hora de controlar el pensamiento provocaría mayor frustración, ansiedad, culpa o desánimo. Al final, su angustia emocional se intensificaría a medida que el pensamiento volviera una y otra vez. A esto nos referimos con la paradoja del control mental, que ilustramos en la figura 2.1.

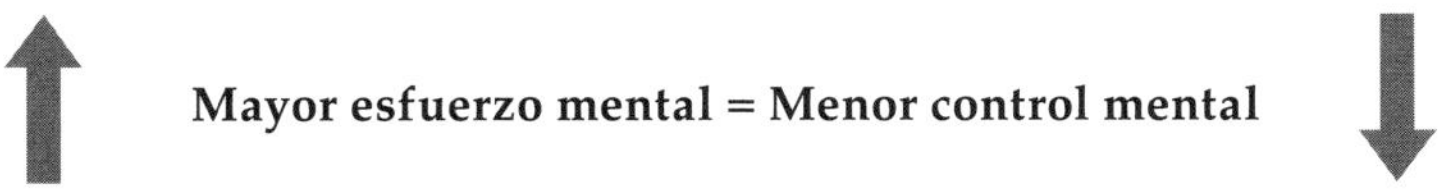

Figura 2.1. La paradoja del control mental

Rhonda se esforzaba por no preocuparse por la salud de su marido. Cada vez que lo hacía, intentaba suprimir la preocupación asegurándose a sí misma que todo iría bien. Recitaba las estadísticas sanitarias sobre la probabilidad de muerte de los hombres estadounidenses de mediana edad con factores de riesgo cardíacos. Sin embargo, no servía de nada. Cuanto más intentaba reprimir la preocupación, más se arraigaba esta en su mente. Parecía que la preocupación era insuperable. Sin saberlo, estaba siendo presa de la paradoja del control mental.

Dejar ir el control

¿Le ha dejado desanimado el ejercicio del oso blanco a causa de las escasas perspectivas que tiene de conseguir el control de los pensamientos angustiosos? Hace algún tiempo que sabe que es sencillamente imposible detener todo esfuerzo de control e ignorar lo que está en su mente. Decirse uno mismo: «No le prestes atención; limítate a pensar en otra cosa y todo irá bien» no funciona. Y esto es así por varias razones.

- De manera natural, prestamos más atención a los pensamientos emocionales.
- Intentar *no pensar* requiere un gran esfuerzo mental.
- Los pensamientos negativos repetitivos se ocupan de las preocupaciones que nos importan.
- Los PNR captan nuestra atención con más facilidad que otros tipos de pensamiento.
- Los PNR suelen ser coherentes con cómo nos sentimos en ese momento, por lo que tienen una mayor capacidad de permanencia en la mente.

Si nuestros pensamientos angustiosos repetitivos son tan pegajosos que no podemos ignorarlos, se hace necesario un nuevo enfoque para dejarlos ir. Esto empieza con el convencimiento de que esforzarse por ignorar, suprimir o distraerse no funciona con los PNR. Tal vez le hayan sorprendido los resultados del oso blanco, pero sigue pensando que su problema es el escaso autocontrol. De ser así, pruebe a hacer el siguiente ejercicio, que pone a prueba de forma más directa los efectos del esfuerzo de control mental sobre los pensamientos angustiosos y no deseados. Este ejercicio, denominado «El experimento de los días alternos», se basa en un ejercicio similar descrito en *Manual para dominar los pensamientos ansiosos*[2].

Ejercicio: El experimento de los días alternos

Escriba su principal pensamiento negativo repetitivo en el espacio provisto. Puede ser uno de los PNR que enumeró en el primer ejercicio del capítulo 1.

Seleccione dos días de la semana para hacer el experimento de los días alternos. Uno de esos días será de bajo control mental y, el siguiente, de alto control mental. Durante el día de bajo control, dedique la menor atención posible a controlar intencionadamente el PNR cuando este le venga a la mente. Dese permiso para pensar o sentir lo que le venga a la mente sin intentar controlar conscientemente lo que está pensando o sintiendo. Es decir, deje ir el esfuerzo del control mental sobre el PNR. En el día de alto control, preste mucha atención al PNR cada vez que le venga a la mente y haga todo lo posible por quitarse ese pensamiento de la cabeza.

Al final de cada día, describa brevemente la experiencia que ha tenido al renunciar a controlar el pensamiento o bien al esforzarse por *no pensar* en el PNR. La descripción debe ser lo suficientemente detallada como para que pueda responder a las siguientes preguntas y enumerar la lista de ventajas que se derivan de un menor o mayor control mental.

2. D. A. Clark, *The Anxious Thoughts Workbook: Skills to Overcome the Unwanted Intrusive Thoughts That Drive Anxiety, Obsessions & Depression*, New Harbinger Publications, Oakland, CA 2018, 96–97 (trad. esp.: *Manual para dominar los pensamientos ansiosos. Habilidades para superar los pensamientos intrusivos no deseados que nos llevan a la ansiedad, las obsesiones y la depresión*, Desclée De Brouwer, Bilbao 2020).

Observación sobre el día de bajo control	Observación sobre el día de alto control

Teniendo en cuenta sus observaciones, responda a las siguientes preguntas sobre la experiencia que ha tenido al dejar ir el control, por un lado, y del alto esfuerzo de control mental, por otro.

- ¿Tuvo menos problemas con el PNR y experimentó una menor angustia cuando realizó un bajo control en comparación con el día de alto control, o descubrió pocas diferencias entre las dos condiciones?

- ¿Se sintió usted más estresado o frustrado cuando se esforzó por controlar el PNR? ¿Estaba menos molesto consigo mismo cuando dejó ir el control?

- ¿Mereció la pena el mayor esfuerzo por controlar el pensamiento negativo repetitivo? Enumere las ventajas del esfuerzo de bajo control frente a las correspondientes al esfuerzo de alto control.

Ventajas del esfuerzo de bajo control	Ventajas del esfuerzo de alto control

¿Cuál es su conclusión con respecto al hecho de esforzarse en ignorar, suprimir o evitar el pensamiento negativo repetitivo? ¿Experimentó una menor ansiedad, depresión, ira o culpa con el bajo control? ¿O apenas hubo diferencia en sus pensamientos y sus sentimientos ambos días? Si ha llegado a cualquiera de estas dos conclusiones, entonces está preparado para dejar ir el control. Ha descubierto que esforzarse por apartar el pensamiento no deseado de su mente simplemente no merece la pena.

Tal vez aún le queden algunas dudas sobre cómo dejar ir el control mental, o posiblemente le haya resultado demasiado difícil dejar que su mente deambule en el día de bajo control. Aprender a dejar ir el control es una habilidad importante que incluiremos en muchas de las estrategias que aprenderá en los siguientes capítulos.

Resolver los problemas de las estrategias de control

Conocer nuestros propios límites es el primer paso para dejar ir el control. El segundo paso requiere un análisis más detenido de las estrategias de control reales empleadas para responder a los PNR.

Sabemos que algunas respuestas de control mental son más útiles que otras[3]. Por desgracia, es más probable que empleemos estrategias de control inútiles con pensamientos angustiantes que son significativos desde un punto de vista personal[4]. Así que podemos estar más inclinados a usar estrategias de control mental menos eficaces cuando experimentamos un PNR.

Es difícil no hacer nada cuando un pensamiento angustioso aparece repetidamente en nuestra mente. Asumimos que el PNR debe ser importante debido a su recurrencia. Así que le asignamos una mayor prioridad atencional, lo que significa que tenemos que participar en alguna forma de control mental si queremos desviar nuestra atención del pensamiento no deseado.

Nuestras respuestas de control mental ocurren en una fracción de segundo. Esto significa que usted desarrollará una respuesta de control antes siquiera de darse cuenta. Pero con entrenamiento y esfuerzo, puede aumentar su conciencia de estas respuestas porque probablemente ocurran muchas veces a lo largo del día. La tabla 2.1 presenta una lista de respuestas de control mental comunes. Se clasifican como relativamente eficaces o ineficaces en su capacidad para desviar la atención de los pensamientos negativos no deseados[5].

---

3. D. M. Wegner, «Setting Free the Bears: Escape from Thought Suppression»: *American Psychologist* 66 (8) (2011), 671–680.
4. A. Z. Levine y D. M. Warman, «Appraisals of and Recommendations for Managing Intrusive Thoughts: An Empirical Investigation»: *Psychiatry Research* 245 (2016), 207–216.
5. D. M. Wegner, «Setting Free the Bears: Escape from Thought Suppression», *art. cit.*; A. Wells y M. I. Davies, «The Thought Control Questionnaire: A Measure of Individual Differences in the Control of Unwanted Thoughts»: *Behaviour Research and Therapy* 32 (8) (1994), 871–878.

Tabla 2.1. Respuestas de control mental comunes

Estrategias eficaces	Estrategias ineficaces
Reemplazar por otro pensamiento.	Tratar de razonar consigo mismo.
Realizar una actividad para distraerse.	Criticarse a sí mismo por pensar de una determinada manera.
Limitarse a aceptar el pensamiento; dejar que «flote» en su mente sin incurrir en el pensamiento repetitivo.	Búsqueda de confirmación por parte de los demás.
Intentar ver el pensamiento negativo de una manera más positiva y útil.	Decirse a sí mismo que deje de pensar así.
Tratar de relajarse, de meditar o de respirar lentamente.	Analizar el significado para determinar por qué piensa así.
Encontrar el lado cómico de su forma de pensar.	Buscar evidencias que refuten el PNR.
	Repetir una frase o una acción (por ejemplo, revisar algo) que contrarreste (neutralice) el pensamiento o reduzca la angustia.
	Suprimir activamente el pensamiento sobre el PNR.
	Rezar o concentrarse en una frase o una idea reconfortante.
	Intentar tranquilizarse pensando que todo irá bien.
	Llevar a cabo un ritual compulsivo.
	Evitar situaciones, objetos o personas que puedan desencadenar el PNR.

Lea detenidamente la tabla 2.1, y tómese el tiempo que necesite para pensar en su propia manera de responder a los pensamientos negativos. ¿Tiene alguna estrategia de referencia? ¿Forma parte de la categoría eficaz o de la ineficaz? Si no está empleando las respuestas de control más eficaces, esto podría explicar su sensación de haber perdido el control del PNR. La mayoría de las personas están tan centradas en lo mal que se sienten que nunca consideran la posibilidad de que su respuesta a los pensamientos negativos pueda estar contribuyendo a la angustia.

Adoptar un control mental eficaz

Algunas estrategias de control mental son efectivas pero difíciles de manejar. La reestructuración cognitiva, el *mindfulness* y la autoafirmación positiva son estrategias efectivas que se emplean en los tratamientos psicológicos para la ansiedad y la depresión. La reestructuración cognitiva y el *mindfulness* son intervenciones basadas en pruebas, pero son difíciles de aprender sin la instrucción de un profesional de la salud mental. Otras estrategias de control, como la evitación, la búsqueda de confirmación y la autocrítica, no deberían emplearse porque empeoran el pensamiento negativo.

La efectividad de las estrategias de control enumeradas en la primera columna de la tabla 2.1 son relativamente más útiles a la hora de hacer frente al PNR que otras estrategias. Además, también cabe esperar que la efectividad de cualquier estrategia de control varíe en función del nivel de angustia y de las circunstancias que desencadenan el PNR. Esto queda ilustrado en la «flecha de la eficacia» de la figura 2.2.

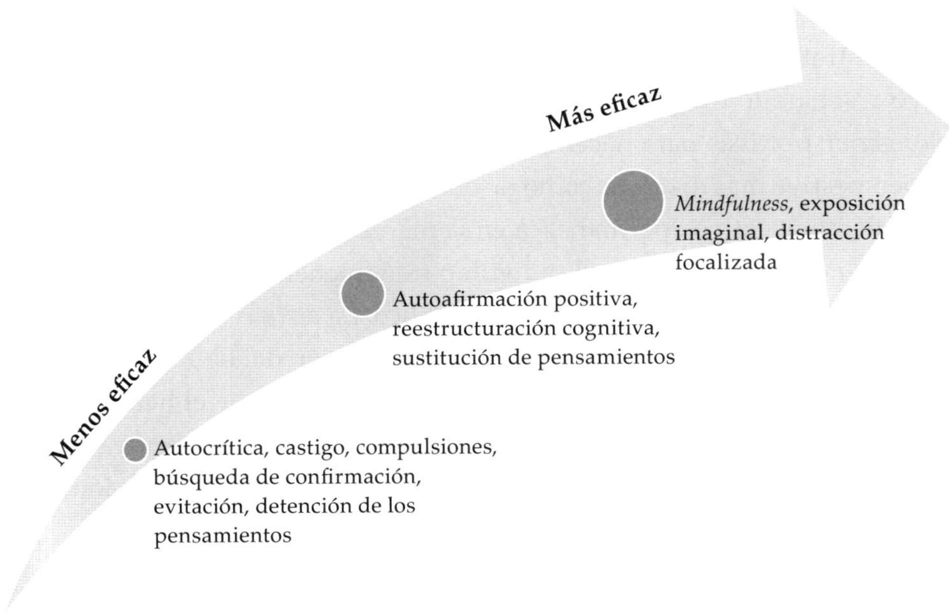

Figura 2.2. La flecha de la eficacia del control mental

Las estrategias de control mental en el extremo inferior de la flecha se enfrentan directamente a un pensamiento negativo y se emplean para desterrar el pensamiento del conocimiento consciente. Si estas estrategias tienen alguna eficacia, es de corta duración. El PNR acaba volviendo con mayor intensidad.

Cuando se preocupaba por las finanzas o por la seguridad de su marido, Rhonda intentaba tranquilizarse diciendo que todo iría bien, o se reprendía a sí misma por preocuparse demasiado. Nunca se sentía reconfortada por la tranquilidad que ella misma se procuraba, y la *autocrítica* solo hacía que se sintiera peor. Al final, el círculo vicioso de la preocupación continuaba sin interrupción.

Las estrategias enumeradas en la parte central de la flecha son moderadamente eficaces. Recordar nuestras cualidades y atributos positivos (*autoafirmación*), cuestionar la veracidad del PNR (*reestructuración cognitiva*) y *reemplazar el pensamiento negativo recurrente* por un pensamiento positivo o neutral son herramientas un tanto eficaces a la hora de controlar los sentimientos y los pensamientos negativos. Estas estrategias también requieren un compromiso directo con el PNR, por lo que nunca dejamos ir del todo el control con estas estrategias.

Las estrategias de control mental más eficaces adoptan un enfoque más pasivo y separado del pensamiento negativo y, por consiguiente, ofrecen las mejores perspectivas para hacer frente al PNR. El *mindfulness* implica adoptar una perspectiva más distante, como de observador, en la que permitimos que el pensamiento negativo «permanezca en la mente» sin responder a él ni juzgarlo. Con la *exposición imaginal*, el individuo trae intencionadamente el PNR a la mente durante un período de tiempo específico. La *distracción focalizada* adopta un enfoque más sistemático para desplazar la atención del PNR a una actividad mental o conductual muy atractiva. Rhonda descubrió que el hecho de reservar algo de tiempo cada noche para suscitar y reflexionar plenamente sobre la catástrofe temida (exposición imaginal) en el centro de su preocupación conducía, paradójicamente, a una reducción de la ansiedad y la preocupación.

La tabla 2.2 proporciona las definiciones y los ejemplos de las estrategias del control mental en la flecha de la eficacia –las estrategias más terapéuticas figuran la parte superior, y las menos terapéuticas en la inferior–. Mientras lee las definiciones y los ejemplos, considere si recurre a algunas de estas estrategias cuando se siente angustiado. No se preocupe demasiado si le resulta difícil ver cómo se aplican estas estrategias a su angustia emocional. Esta es su primera introducción en estos conceptos. Los capítulos posteriores que abordan diferentes tipos de PNR se basarán en gran medida en esta tabla y explicarán cómo aplicar estas estrategias de control mental de forma más eficaz en el manejo de su PNR.

Tabla 2.2. Estrategias de control mental terapéuticas y no terapéuticas

Estrategia	Explicación	Ejemplo
Mindfulness	Observar pasivamente el pensamiento repetitivo no deseado, aceptarlo y dejar que permanezca en la mente sin ninguna evaluación ni un control que requiera esfuerzo.	Cada vez que se recuerde un error grave del pasado, se deja que el recuerdo del incidente entre y salga de la conciencia sin juzgarlo ni esforzarse por controlarlo.
Distracción focalizada	Desplazar la atención hacia una sola idea, una actividad o un recuerdo muy atractivo que capte mejor los recursos de procesamiento de la información.	Cuando una persona se queda atascada pensando en una mala experiencia, cambia su atención, por ejemplo, centrándose en el rediseño de su jardín, dada su profunda pasión por esta actividad.
Autoafirmación positiva	Pensar profundamente en sus cualidades y atributos positivos de una manera compasiva que ponga de relieve su competencia moral y su bondad.	Cuando tiene pensamientos repetidos de culpa por malas acciones pasadas, una persona trae a la mente ejemplos específicos de ella misma siendo un padre cariñoso, un amigo leal y atento, un trabajador competente y fiable, y cosas así.
Reestructuración cognitiva	Reunir sistemáticamente las pruebas que cuestionan la exactitud de un PNR y, a continuación, descubrir una forma de pensar más realista que guíe las posteriores respuestas de afrontamiento.	Al pensar una y otra vez: «¿Por qué he experimentado más pérdidas que otros?», el individuo reúne pruebas que apoyan o refutan esta perspectiva, y luego genera una alternativa más realista, como, por ejemplo: «Algunas personas experimentan más pérdidas que otras, incluso cuando no las provocan ellas mismas».

Sustitución del pensamiento	Desplazar la atención del PNR a un pensamiento más positivo o neutral.	Cuando el pensamiento ansioso: «¿Me está engañando?» le viene repetidamente a la mente, el individuo trata de pensar en el último partido que vio.
Búsqueda de confirmación	Buscar la confirmación por parte de otras personas o fuentes externas de que todo va a ir bien y de que la angustia asociada al PNR va a remitir.	Cuando experimenta pensamientos ansiosos recurrentes sobre un dolor físico inesperado, el individuo busca en Internet información que le confirme que el síntoma es benigno y que su salud está bien.
Evitación	Intentar abstenerse o escapar de situaciones, pensamientos o sentimientos que puedan desencadenar el PNR.	El individuo evita a las personas, las situaciones y las conversaciones que podrían desencadenar una nueva ronda de preocupaciones sobre su seguridad en el trabajo o una revisión inminente de su rendimiento.
Detención del pensamiento	Hacer autoverbalizaciones explícitas como: «¡Deja de pensar así!».	Cada vez que aparece el recuerdo de una experiencia humillante en su mente, el individuo siente una intensa frustración y grita «¡PARA!» en voz baja.
Compulsiones	Realización de rituales mentales o conductuales específicos para reducir la angustia o anular las consecuencias temidas de un PNR.	El individuo repite una frase religiosa específica que crea una sensación de limpieza interior cada vez que aparecen pensamientos recurrentes de violación moral o de impureza en la mente.
Autocrítica o castigo	Generar autoevaluaciones críticas o despectivas a causa del PNR y su incontrolabilidad.	El individuo verbaliza afirmaciones para sí mismo: «No seas estúpido», «Debo estar volviéndome loco», «Soy débil y patético».

¿Conoce alguna de las estrategias «terapéuticas» de control mental descritas en la tabla 2.2? Es posible que algún terapeuta le presentara estas estrategias, pero haya dejado de usarlas. ¿Puede recordar algún momento en el que las estrategias le resultaron útiles para hacer frente a los sentimientos y los pensamientos angustiantes? O puede que las estrategias le resulten completamente desconocidas. Tal vez las estrategias menos eficaces, como la búsqueda de confirmación, la evitación y la autocrítica, le resulten más familiares porque ha recurrido a ellas cuando se ha sentido angustiado. En cualquier caso, en los siguientes capítulos aprenderá cómo modificar estas estrategias a fin de reducir los distintos tipos de PNR.

El último ejercicio de este capítulo le ofrece la oportunidad de observar más de cerca su manera de responder a los pensamientos negativos que, como mucho, son ligeramente angustiosos. Probablemente sea muy consciente de que emplea estrategias de control poco útiles. Quizá sea menos obvio el hecho de que esté empleando un control mental eficaz con pensamientos negativos menos angustiosos. El siguiente ejercicio se centra en esa cuestión y en la posibilidad de descubrir una estrategia de control eficaz que ya esté empleando.

Ejercicio: Descubra su mejor estrategia

Seleccione un día de la semana y tome conciencia de cualquier pensamiento negativo que aparezca en su mente. Sea especialmente consciente de los pensamientos negativos que *no* están relacionados con su PNR. En estas ocasiones, usted está pensando negativamente, pero solo resulta ligeramente angustioso y no interfiere en el funcionamiento diario. Puede tomar notas (por escrito o notas de voz en su teléfono) cuando el pensamiento esté desarrollándose o simplemente tomar una nota mental de lo que está ocurriendo en su mente. Al final del día, anote en el espacio provisto los pensamientos y cómo los ha afrontado:

1. Pensamiento negativo: ____________________

   Mi respuesta: ____________________
2. Pensamiento negativo: ____________________

   Mi respuesta: ____________________
3. Pensamiento negativo: ____________________

   Mi respuesta: ____________________
4. Pensamiento negativo: ____________________

   Mi respuesta: ____________________
5. Pensamiento negativo: ____________________

   Mi respuesta: ____________________

A continuación, evalúe la frecuencia con la que empleó cada una de las siguientes estrategias de control relativamente eficaces en respuesta a su *pensamiento negativo no angustiante*, donde 0 es nunca, 1 es algunas veces y 2 es muchas veces.

Mindfulness o meditación ____________

Distracción focalizada ____________

Autoafirmación positiva ____________

Reestructuración cognitiva ____________

Sustitución del pensamiento ____________

¿Ha empleado algunas estrategias de control más que otras? De ser así, puede que le resulten más cómodas. Es recomendable que se centre en mejorar estas estrategias para que sean más eficaces en el control del PNR. Es posible que desee completar este ejercicio durante varios días.

En los siguientes capítulos, puede ser una mejor estrategia comenzar en sus respuestas de control por las estrategias que emplea cuando está levemente angustiado. Aprenderá a mejorar la eficacia de estas estrategias naturales modificando su contenido para que aborden las características únicas de cada tipo de PNR.

Algunas estrategias pueden parecerle mas aceptables que otras porque ya las esté empleando con éxito con otros tipos de pensamiento negativo. Es probable que encajen mejor con su personalidad y sus capacidades naturales. La reestructuración cognitiva, por ejemplo, suele ser la preferida de las personas más analíticas, mientras que las personas más intuitivas podrían preferir un enfoque que se valga del *mindfulness* o de la meditación. A medida que continúe con el cuaderno de trabajo, dedique más tiempo a las estrategias de control que mejor se adapten a usted. En última instancia, el objetivo es aprender a responder de forma diferente a su PNR para llegar a dejar ir el control.

Resumen

En este capítulo hemos aprendido lo siguiente:

- Nuestra capacidad de controlar los pensamientos no deseados es limitada.
- Existe una paradoja en el control mental: cuanto mayor es el esfuerzo, menos conseguimos.
- La mejor estrategia para el PNR es dejar ir el control. Esto implica reducir el esfuerzo del control mental y desarrollar una mayor tolerancia a los pensamientos no deseados.
- Las estrategias de control de la desconexión son más eficaces para el PNR que la confrontación directa y la evitación.
- Podemos trabajar en el fortalecimiento de las estrategias de control del pensamiento que nos resultan más naturales y son eficaces para reducir los pensamientos negativos ligeramente angustiantes.

¿Y ahora qué?

Enhorabuena por el trabajo que ha hecho en estos primeros capítulos. A nadie le gusta leer la teoría y los antecedentes, pero los conocimientos que ha adquirido en estos capítulos le proporcionarán una base para lo que viene después. Las estrategias terapéuticas presentadas para problemas específicos como la preocupación, la rumiación, el arrepentimiento y otros similares tendrán más sentido gracias a lo que ha leído en estos capítulos. A medida que continúe con el cuaderno de trabajo, le recomendamos que vuelva a estos capítulos para refrescar su comprensión del PNR y su control. Así que empecemos a aplicar lo que ha aprendido a problemas emocionales específicos. El siguiente capítulo ahonda en la preocupación, la forma más común de PNR.

Deje el hábito de la preocupación

3

Preocuparse parece algo tan natural como respirar. ¿Cómo podría ser de otra manera? La vida puede ser difícil y el futuro incierto, por lo que nos preocupa que haya problemas mucho mayores en el horizonte. La preocupación excesiva es una característica básica de la ansiedad, especialmente del *trastorno de ansiedad generalizada* (TAG). Por lo tanto, si alguna vez se ha sentido aprensivo o ha tenido que enfrentarse a una situación amenazante desde el punto de vista personal, es muy probable que haya estado preocupado.

No todo el mundo se preocupa del mismo modo. Cuando la preocupación es crónica, puede ocurrir durante gran parte del día, incluso a causa de asuntos menores, y puede ser imposible de controlar. Cuando esto sucede, la preocupación se convierte en un serio problema de salud. La mayoría de nosotros entendemos que nuestra preocupación por los problemas graves –como una enfermedad que pone en peligro la vida, la pérdida de una relación valiosa o el fracaso profesional– es algo normal. Ahora bien, las personas que se preocupan de manera crónica pueden preocuparse por responsabilidades rutinarias, como llegar a una cita a tiempo, lidiar con el tráfico, hacer las tareas domésticas o preparar una comida. A pesar de los esfuerzos de la persona por ser racional y asegurarse a sí misma que todo irá bien, la preocupación persiste y, con ella, una sensación de temor. A esto lo llamaremos *preocupación desadaptativa*, y cumple todos los criterios del PNR que examinamos en el capítulo 1.

La preocupación desadaptativa no siempre tiene sentido. Es de esperar que la preocupación sea mayor en las personas que experimentan muchas dificultades en la vida. Este no es el caso. Los adultos mayores se preocupan menos que los jóvenes, a pesar de enfrentarse a un deterioro de la salud y a la muerte de sus seres queridos y de depender de un ingreso fijo[1]; además, la preocupación excesiva es más común en los países de ingresos altos[2]. Así pues, el hecho de tener una vida relativamente sencilla y sin estrés no es una garantía contra la preocupación. Pero esto es una buena noticia, porque el hecho de llevar una vida difícil no implica tener que preocuparse. No importa lo que la vida le depare; siempre habrá otra persona que lo esté pasando peor que usted y que, pese a ello, no esté paralizada por la preocupación.

La preocupación es una respuesta tan natural que debemos empezar por tener claro qué se entiende por preocupación excesiva y desadaptativa. Este tipo de preocupación –la excesiva y desadaptativa– cumple las condiciones para ser calificad como PNR. En este capítulo, encontrará directrices y herramientas de evaluación que le ayudarán a determinar si experimenta un PNR de preocupación. Descubrirá la distinción entre la preocupación realista y productiva y la preocupación irracional y desadaptativa. Si su preocupación está asociada a problemas importantes de la vida, aprenderá a valerse de la resolución de problemas para aliviar su preocupación. La mayoría de las preocupaciones crónicas se centran en resultados imaginarios e improbables, por lo que la descatastrofización y la exposición sistemática a la preocupación son las mejores estrategias para abordar este tipo de preocupación. Pero antes de continuar, considere la lucha de Liam con la preocupación debilitante.

1. D. C. Gonçalves y G. J. Byrne, «Who Worries Most? Worry Prevalence and Patterns Across the Lifespan»: *International Journal of Geriatric Psychiatry* 28, (2013), 41–49.

2. A. M. Ruscio, L. S. Hallion, C. C. W. Lim, S. Aguilar-Gaxiola, A. Al-Hamzawi, J. Alonso, L. H. Andrade et al., «Cross-Sectional Comparison of the Epidemiology of DSM-5 Generalized Anxiety Disorder Across the Globe»: *Journal of the American Medical Association Psychiatry* 74 (5) (2017), 465–475.

La historia de Liam: Enfermo de preocupación

Liam, que estaba en el cuarto año de un programa de premedicina muy exigente, luchaba contra la ansiedad y la preocupación. Como hijo mayor de una familia de clase media de alto rendimiento, Liam sintió la presión de unas altas expectativas ya desde una edad muy temprana. De niño, Liam desarrolló una pasión por la medicina, e incluso sentía que su autoestima dependía del hecho de desarrollar una carrera como médico. Sabía que era muy difícil que le aceptaran en la Facultad de Medicina debido a la competencia y a los altos estándares de admisión. Liam tenía muchas capacidades, pero sus calificaciones tenían que ser sobresalientes, y su currículum tenía que mostrar que era talentoso, que se preocupaba por los demás y que era una persona multifacética. Estudió mucho y muy duro para obtener las mejores notas posibles y realizó los cursos más difíciles para asegurarse de que la suya era la solicitud más fuerte posible para ingresar en la Facultad de Medicina. Sin embargo, Liam se sentía torturado por las dudas en sí mismo, la inseguridad y la preocupación.

Días antes de cada prueba, examen y tarea, Liam experimentaba una intensa preocupación por no hacerlo lo suficientemente bien. Nunca tenía la sensación de conocer lo suficientemente bien el material, de modo que se veía obligado a estudiar mucho más tiempo del necesario. No dormía bien, lo que también causaba preocupación en él, porque temía que repercutiera en su rendimiento académico. Le preocupaba no ser tan inteligente como sus compañeros y que sus profesores pensaran que no tenía la capacidad necesaria para demostrar que valía para el campo de la medicina. Buscaba constantemente la confirmación de su madre de que le aceptarían en la Facultad de Medicina. La preocupación por su ingreso en la Facultad de Medicina estaba constantemente en su mente, y ahora incluso estaba afectando a su salud. Tenía fuertes dolores abdominales y de cabeza, que los médicos atribuían al estrés y la ansiedad. Su médico de cabecera le advirtió que debía controlar su ansiedad o, de lo contrario, tendría que pasarse un trimestre sin estudiar. Esto provocó en él una mayor preocupación, porque ahora Liam estaba preocupado por estar preocupado. La preocupación de Liam estaba fuera de control y amenazaba sus sueños más preciados. ¿Le resulta familiar la preocupación de Liam por un futuro incierto? ¿Experimenta también usted una «preocupación desenfrenada»?

La irresistible necesidad de preocuparse

La preocupación tiene que ver con la vida y sus incertidumbres. Se ve desencadenada por nuestras preocupaciones, metas y responsabilidades más preciadas en la vida. Nos preocupan los cambios o las dificultades en las relaciones familiares y entre iguales, la salud y la seguridad de nosotros mismos o de otras personas importantes, el trabajo o la escuela, las finanzas, los acontecimientos mundiales y, en algunos casos, cuestiones menores, como los arreglos que había que hacer en casa, llegar a tiempo a las citas o hacer recados. La mayoría de las veces la preocupación se debe a acontecimientos vitales negativos, pero incluso los cambios positivos, como el nacimiento de un hijo o el comienzo de un nuevo trabajo, pueden desencadenar una nueva ronda de preocupaciones.

Si ha luchado con la preocupación la mayor parte de su vida, puede que esté convencido de que no hay nada que pueda hacer al respecto. Podría pensar que es algo que le viene de familia, de manera que está destinado a preocuparse por las cosas. La vida es complicada e incierta, de modo que hay muchas cosas por las que preocuparse. Sin embargo, la preocupación no es algo que nos venga de nacimiento. A menudo aprendemos a preocuparnos a una edad temprana y luego nos pasamos el resto de nuestra vida reforzando el hábito. Liam culpaba de su preocupación al estrés y a las exigencias de los cursos. Eran las circunstancias de su vida las que le causaban preocupación. Pero la realidad es que Liam se preocupaba excesivamente por muchas cosas, como su salud y sus relaciones. La preocupación se estaba convirtiendo en su respuesta de referencia cada vez que pensaba en el futuro.

Para llegar a saber cómo lidiar con la preocupación hay que entender su naturaleza irresistible. Considere la siguiente definición:

> La preocupación es una cadena de pensamientos persistentes, repetitivos e incontrolables que se centran principalmente en la incertidumbre ante algún resultado futuro negativo o amenazante, un proceso en el que la persona ensaya más soluciones para resolver el problema, pero no consigue reducir la elevada sensación de incertidumbre sobre las posibles amenazas[3].

3. D. A. Clark y A. T. Beck, *The Anxiety and Worry Workbook: The Cognitive Behavioral Solution*, Guilford Press, Nueva York 2012, 235 (trad. esp.: *Manual práctico para la ansiedad y las preocupaciones: la solución cognitiva conductual*, Desclée De Brouwer, Bilbao 2016).

Desgranemos la definición. Hay seis características de la preocupación que pueden hacerla irresistible:

- *Incertidumbre.* La preocupación siempre tiene que ver con alguna calamidad futura o un resultado no deseado. Podemos pensar en la preocupación como la «enfermedad del "y si"». «¿Y si no consigo el ascenso?», «¿Y si el resultado de la prueba médica es positivo?», «¿Y si nunca encuentro el amor verdadero?». Cuando estamos atrapados en el mundo de los «y si», estamos cuestionando un futuro que está fuera de nuestro control. No podemos conocer el futuro. Podemos hacer predicciones, pero no podemos garantizar lo que este nos depara. Así pues, todo el mundo se ve obligado a vivir con la incertidumbre, pero a algunas personas les resulta más difícil que a otras[4]. Esto les hace correr un mayor riesgo de sufrir una preocupación crónica.
- *Incontrolabilidad.* La preocupación excesiva es imparable aunque nos demos cuenta de que es inútil y molesta. Las personas que se preocupan de manera crónica se dicen a sí mismas que deben «dejar de preocuparse», o lo escuchan de otros, pero no pueden evitarlo. Liam no podía dejar de preocuparse aunque sabía que era inútil y que probablemente perjudicaba su rendimiento académico.
- *Enfoque en la amenaza.* Las personas tienden a ser pesimistas. Su mente está programada para advertir cosas que confirman la creencia de que el mundo es un lugar peligroso, amenazante e injusto. A la persona preocupada le resulta más difícil ver la seguridad o pensar en el futuro de forma positiva porque esto es incompatible con su visión del mundo. Cuando Liam pensaba en la Facultad de Medicina, solo podía imaginarse recibiendo cartas de rechazo y el sentimiento de vergüenza y derrota que eso le provocaría.
- *Control ineficaz.* Se sabe que las personas que se preocupan usan estrategias ineficaces cuando están atrapadas en un ciclo de preocupación. La búsqueda de confirmación, la evitación, la autocrítica y el razona-

4. M. J. Dugas y M. Robichaud, *Cognitive-Behavioral Treatment for Generalized Anxiety Disorder: From Science to Practice,* Routledge, Nueva York 2007.

miento son a menudo las respuestas de referencia, pero estas estrategias son bastante ineficaces para el PNR (como ya examinamos en el capítulo 2).

- *Creencias positivas*. Dados los efectos negativos de la preocupación, es interesante que las personas que se preocupan de manera crónica suelen creer que la preocupación es útil. Es más probable que nos preocupemos si creemos que la preocupación (a) ayuda a resolver problemas, (b) aumenta la motivación, (c) ayuda a disminuir el impacto de un acontecimiento negativo, y (d) es un indicio del carácter fuerte[5]. Aunque Liam podía sentirse «enfermo de preocupación», creía que la preocupación lo asustaba para estar mejor preparado para sus exámenes.
- *Resolución de problemas fallida*. Las personas que se preocupan de manera crónica cuentan con una buena capacidad para resolver problemas. Donde se equivocan es (a) en exagerar el grado de amenaza en una situación, (b) en tener poca confianza en su capacidad de resolver problemas, y (c) en ser pesimistas sobre sus soluciones[6]. Es posible que estas personas exijan un mayor nivel de certeza para tomar sus decisiones, por lo que acaban pasando de una posible línea de actuación a otra. ¿Le ocurre esto con su preocupación? ¿Se preocupa, planea y vacila acerca de las posibilidades, pero nunca toma una decisión o sigue una línea de actuación?

Ahora que comprende mejor la preocupación excesiva, use el siguiente ejercicio para aplicar este conocimiento a su experiencia de preocupación. Sus respuestas a estas preguntas serán útiles para completar la evaluación de la preocupación en la siguiente sección.

5. A. Wells, *Metacognitive Therapy for Anxiety and Depression*, Guilford Press, Nueva York 2009 (trad. esp.: *Terapia metacognitiva para la ansiedad y la depresión*, Desclée De Brouwer, Bilbao 2019).
6. J. Dugas y M. Robichaud, *Cognitive-Behavioral Treatment for Generalized Anxiety Disorder: From Science to Practice*, *op. cit.*

Ejercicio: Reflexiones personales sobre la preocupación

Piense en la última ocasión en que experimentó un ataque de preocupación significativo. Exponga brevemente lo que le preocupaba.

Mi preocupación: ______________________________

____

Las siguientes preguntas se refieren a las seis características de la preocupación irresistible. Responda a cada pregunta para determinar si su preocupación tiene alguna de estas seis características.

1. ¿Pensaba en la incertidumbre, en la posibilidad de que algo malo pudiera ocurrir en el futuro? Enumere los pensamientos «y si» que se produjeron durante el episodio de preocupación.

   ____

   ____

2. ¿Sentía que la preocupación era incontrolable? ¿Se decía a sí mismo que no tenía que preocuparse?

   ____

   ____

3. ¿Le parecían su futuro y su mundo negativos y amenazantes? De ser así, ¿de qué manera? ¿Qué pensaba que sería tan malo en el futuro?

   ____

   ____

4. Anote si recurrió a algunas de las estrategias de control ineficaces enumeradas en las tablas 2.1 y 2.2.

   ____

   ____

5. ¿Cree que la preocupación fue beneficiosa de alguna manera? De ser así, anote qué fue lo positivo de la preocupación.

6. ¿Originó la preocupación a alguna decisión o línea de actuación? De no ser así, ¿cuál fue el resultado de su preocupación?

¿Estaban presentes muchas de las seis características en su preocupación? De ser así, es probable que experimentara una preocupación excesiva o irresistible. Es recomendable que haga los ejercicios de este capítulo a fin de aprender más estrategias afectivas para reducir la preocupación.

Evaluación de la preocupación

Es importante comprender mejor la preocupación, pero también hay que evaluar si constituye una forma crónica de PNR. Empecemos por explorar la naturaleza y el alcance de las preocupaciones.

Ejercicio: La lista de verificación de las esferas de la preocupación

A continuación enumeramos siete esferas de la vida que son relevantes para la preocupación. Marque con una cruz cada una de las esferas que se asocien a su preocupación. Indique brevemente, en el espacio provisto, qué le preocupa. Revise sus respuestas en el ejercicio «Detectar experiencias y pensamientos negativos», del capítulo 1, para obtener sugerencias sobre los temas de preocupación.

- ☐ Rendimiento, evaluación o seguridad del trabajo o la escuela. Indique qué le preocupa:

- ☐ Falta de relaciones íntimas o familiares, mala calidad o inestabilidad de las mismas. Indique qué le preocupa:

  ____

- ☐ Futuro incierto o sin rumbo. Indique qué le preocupa:

  ____

- ☐ Asuntos financieros. Indique qué le preocupa:

  ____

- ☐ Preocupaciones por la seguridad, como las lesiones a uno mismo o a otras personas importantes. Indique qué le preocupa:

  ____

- ☐ Enfermedad o amenazas a la salud de uno mismo, de la familia o de los amigos cercanos. Indique qué le preocupa:

  ____

- ☐ Acontecimientos mundiales o comunitarios. Indique qué le preocupa:

  ____

- ☐ Cuestiones menores (citas, arreglos en casa, recados, etc.). Indique qué le preocupa:

  ____

¿Se concentran la mayoría de sus preocupaciones en una o dos esferas de la vida? Si no ha marcado ninguna de las esferas anteriores de la vida, es poco probable que la preocupación suponga un problema para usted. Cuantas más esferas de su vida haya marcado, más probable es que la preocupación contribuya a su angustia.

La «Lista de verificación de las esferas de la preocupación» indica si su preocupación es específica de un asunto o una respuesta general a muchas esferas de la vida. La lista de verificación también resulta útil para destacar sus principales preocupaciones. El siguiente paso consiste en evaluar cómo experimenta usted la preocupación. A fin de obtener ayuda para el siguiente ejercicio, puede consultar las respuestas en la hoja de trabajo «Reflexiones personales sobre la preocupación».

Ejercicio: Evaluación de la esfera de la preocupación

A continuación presentamos siete afirmaciones clave sobre la experiencia de preocupación. Revise su trabajo en los dos últimos ejercicios y rodee el «sí» en caso de que la afirmación se aplique a su experiencia general de preocupación.

Afirmaciones		
1. Tengo preocupaciones en varias esferas de mi vida.	Sí	No
2. Mi preocupación es claramente exagerada.	Sí	No
3. Algunas de mis preocupaciones giran en torno a asuntos menores de poca importancia personal.	Sí	No
4. Mi preocupación rara vez resulta útil a la hora de resolver el problema o la situación.	Sí	No
5. Muchas de mis preocupaciones se centran en problemas que no he creado y que quedan fuera de mi control.	Sí	No
6. A menudo empiezo a preocuparme por un solo tema, pero luego esto mismo se extiende a otras preocupaciones, como una reacción en cadena.	Sí	No
7. Al repasar estos ámbitos de la vida, me doy cuenta de que mis preocupaciones son excesivas.	Sí	No

¿Suscribe la mayoría de las afirmaciones? De ser así, es probable que esté experimentando una preocupación excesiva o desadaptativa. En lugar de avanzar en los problemas de la vida, es probable que se haya quedado atascado en la preocupación. Esto hará que se sienta ansioso e impotente a la hora de afrontar las adversidades de la vida.

Afortunadamente, hay estrategias que podemos usar para superar la preocupación excesiva. Antes de pasar a estas estrategias, es importante distinguir entre las preocupaciones causadas por problemas de la vida real y las relacionadas con catástrofes personales más improbables, e incluso hipotéticas.

Las dos caras de la preocupación

Lo que más nos preocupa son los problemas futuros que son impredecibles, algo novedosos y que están asociados a una consecuencia negativa grave para uno mismo o para nuestros seres queridos. Existen dos tipos de preocupación. En primer lugar tenemos la «preocupación basada en la realidad», que se refiere a problemas o situaciones que ocurren en el aquí y ahora y sobre los que tenemos cierto control o influencia. La vida puede ser dura, así que podemos preocuparnos por problemas, dificultades e incertidumbres muy reales. Liam tenía varias preocupaciones realistas, como sacar las mejores notas en sus exámenes, su persistente dolor de estómago y sus dolores de cabeza, así como su dificultad para dormir.

La preocupación por los problemas de la vida real no siempre es desadaptativa. A veces la preocupación nos ayuda a descubrir una acción que soluciona el problema. Sin embargo, en el caso de las personas que se preocupan de manera crónica, el PNR sobre los problemas de la vida es ineficaz y provoca un fracaso en las habilidades de resolución de problemas[7].

Existe un segundo tipo de preocupación que es más «imaginativo». Se centra en problemas hipotéticos que son solo remotamente posibles. Esta preocupación es improductiva porque también se trata de una amenaza exagerada sobre la que tenemos poco control. La preocupación imaginativa suele ser especulativa, como, por ejemplo: «¿Y si me pongo enfermo?», «¿Y si no consigo el ascenso?», o: «¿Y si acusan a mi hijo adolescente de conducir ebrio?». Las estrategias más eficaces para reducir la preocupación dependen de si las preocupaciones se refieren a problemas actuales y realistas o a posibilidades lejanas y especulativas. El siguiente ejercicio le ayudará a determinar qué tipo de preocupación es más relevante para usted.

7. R. L. LEAHY, *The Worry Cure: Seven Steps to Stop Worry from Stopping You*, Harmony Books, Nueva York 2005.

Ejercicio: Lista de verificación del tipo de preocupación

Revise las preocupaciones que enumeró en la «Lista de verificación de las esferas de la preocupación». Escriba sus preocupaciones más comunes en el espacio provisto.

1. ____________________

2. ____________________

3. ____________________

A continuación presentamos una lista de verificación de las principales características de la preocupación realista frente a la preocupación imaginativa[8]. Marque las afirmaciones que sean más relevantes para las tres preocupaciones que ha enumerado.

Preocupación realista	Preocupación imaginativa
☐ La preocupación se refiere a un problema actual, de la vida real.	☐ La preocupación se refiere a escenarios incontestables o inverosímiles.
☐ Tengo cierta influencia en el resultado.	☐ Tengo muy poca, o ninguna, influencia en el resultado.
☐ Puedo pensar en una serie de posibles resultados que varían en grado en cuanto a las consecuencias negativas.	☐ Tiendo a centrarme en un único resultado catastrófico, aunque sea muy improbable.
☐ Puedo aceptar (tolerar) cierta incertidumbre y riesgo.	☐ Me preocupan los detalles sobre cómo podría producirse el peor resultado.
☐ Puedo aceptar una solución imperfecta.	☐ La solución debe ser perfecta.
☐ La preocupación principal es la resolución del problema, más que la reducción de la ansiedad o la angustia.	☐ La preocupación primaria es la reducción de la ansiedad o la angustia.
☐ Podría tomarse alguna decisión o adoptarse alguna línea de actuación para tratar el problema.	☐ Necesito alcanzar un cierto nivel de control y certeza sobre el problema.
☐ Confío en mi capacidad para hacer frente a la preocupación.	☐ Me siento impotente y no confío en mi capacidad para hacer frente a la preocupación.

8. *Ibíd.*

Si ha marcado más afirmaciones de la columna izquierda, es probable que se preocupe por las dificultades actuales, de la vida real. La intervención de resolución de problemas es la más adecuada para este tipo de preocupación. Si ha marcado más afirmaciones en la columna derecha, entonces su preocupación tiene que ver con asuntos más distantes y especulativos. Las intervenciones de descatastrofización y de exposición a la preocupación son más apropiadas para este tipo de preocupación.

Resolución eficaz de problemas

La resolución de problemas es la estrategia más eficaz para abordar la preocupación por los problemas realistas de la vida. Liam tenía pruebas y tareas semanales que requerían una preparación intensa. Que le fuera mal un examen era una posibilidad real que podía poner en peligro sus opciones de estudiar en la Facultad de Medicina. Esto hizo que Liam se preocupara por si estaba estudiando lo suficiente, por si conocía el material y por el posible resultado de cada examen. Una de las formas en que Liam podía reducir su preocupación por los exámenes era considerarlos como un problema que había que resolver. Hay varios pasos en el enfoque de la resolución de problemas que pueden cambiar nuestra mentalidad y hacer que pasemos de la preocupación a la acción planificada.

Paso 1. Evalúe el control y la responsabilidad personales

Hacerse cargo de un problema comienza por conocer los límites de nuestra influencia sobre la situación. La responsabilidad representa la medida en que hemos desarrollado un rol significativo en la creación del problema, y el control representa el grado de influencia que tenemos en la determinación del resultado deseado. El enfoque de la resolución de problemas funciona mejor con los problemas que implican una responsabilidad y un control moderados.

No tenemos la responsabilidad o el control absolutos sobre la mayoría de nuestros problemas preocupantes. Normalmente, la responsabilidad y el control se limitan a ciertos aspectos de un problema. Necesitará comprender bien cuál es su posición frente a un problema antes de poner en marcha un plan.

Liam sabía que tenía un control limitado en la determinación de lo que sus profesores pensaban de él, pero tenía más control y responsabilidad sobre sus hábitos de estudio. Así, el control y la responsabilidad personales eran mayores en su rendimiento académico que en lo que los demás pensaban de él. El siguiente ejercicio proporciona un método para evaluar su nivel de responsabilidad y control sobre los problemas realistas que le preocupan.

Ejercicio: Evaluación del control y la responsabilidad personales

Escriba en el espacio provisto un problema de la vida real que le preocupe.

Problema de la vida real que le preocupa: ______________________

____

A continuación, enumere en una hoja en blanco todo lo que ha causado, mantenido o creado consecuencias relacionadas con este problema de la vida real. En ella debe incluir todas sus acciones y decisiones, las de los demás y cualquier factor externo. Anote en la siguiente tabla los ítems de la lista que quedan bajo su responsabilidad y control y aquellos que quedan fuera de ellos.

Aspectos del problema de la preocupación bajo mi responsabilidad y control	Aspectos del problema de la preocupación que quedan fuera de mi responsabilidad y control
1.	1.
2.	2.
3.	3.
4.	4.

Según sus respuestas, ¿qué grado de responsabilidad y control general tiene usted sobre este problema? Dibuje una línea recta vertical sobre la horizontal para indicar el porcentaje de control y responsabilidad personal.

0% Responsabilidad y control	50% Responsabilidad y control	100% Responsabilidad y control

¿Qué le dice la barra sobre el grado de control y responsabilidad personal que tiene sobre su problema? Si su estimación está por encima del 50%, entonces el enfoque de resolución de problemas es relevante para su preocupación. En caso de que su estimación sea inferior al 50%, considere la posibilidad de saltarse el resto de esta sección para poder centrarse en estrategias más relevantes, como la catastrofización y la exposición a la preocupación.

Paso 2: Defina el problema

Es importante tener objetivos realistas o resultados deseados para el problema relacionado con la preocupación. A menudo, no conseguimos avanzar en los problemas de la vida porque tenemos expectativas irrealistas. Liam pensaba que dejaría de sentirse ansioso y de preocuparse por su salud si dejaba de tener náuseas y dolores de estómago. Sin embargo, esto no era realista, porque tenía poco control sobre la aparición de estas sensaciones abdominales no deseadas. En su lugar, necesitaba redefinir el problema y «aprender a vivir con las náuseas y el dolor de estómago de modo que le causaran la menor cantidad de angustia e interfirieran lo mínimo en su vida diaria».

Al igual que Liam, es posible que tengamos expectativas poco realistas sobre nuestro problema relacionado con las preocupaciones, y que esto nos impida hacer algo al respecto. En lugar de ello, encuentre un paso intermedio que sí pueda controlar y que le acerque a un resultado que sea mejor que la situación actual. Considere los siguientes ejemplos de problemas de la vida real que pueden generar fácilmente preocupación y cómo cada uno de ellos puede redefinirse como un problema viable.

Ejemplo #1	
Preocupación de la vida real:	*Me acaban de diagnosticar una enfermedad crónica grave y me preocupa la muerte prematura.*
Redefinida como:	*Tengo que aprender los cambios que debo adoptar en mi estilo de vida, así como el modo de vivir con esta enfermedad crónica.*
Ejemplo #2	
Preocupación de la vida real:	*Estoy atrapado en un trabajo que odio y me preocupa no encontrar un empleo más satisfactorio.*
Redefinida como:	*Debo replantearme mi estrategia de búsqueda de empleo y hacer cambios en mi presentación escrita, en línea y presencial.*
Ejemplo #3	
Preocupación de la vida real:	*Sospecho y me preocupa que mi matrimonio acabe en divorcio porque mi pareja tiene una aventura.*
Redefinida como:	*Considerar la manera de cambiar mi estilo de comunicación a fin de tratar de una manera más eficaz nuestros problemas de pareja.*

Use la siguiente hoja de trabajo para redefinir su preocupación basada en el problema de una manera más realista.

Ejercicio: Redefinición del problema

Describa brevemente en el espacio provisto a tal efecto el problema de la vida real y el resultado temido que más le preocupa.

Mi preocupación sobre el problema de la vida real: ______________________

____

____

A continuación, escriba cómo puede redefinir el problema por lo que respecta a alguna decisión o acción que pueda tomar y que esté bajo su control y le ayude a conseguir un mejor resultado. Tenga en cuenta las siguientes preguntas a la hora de redefinir el problema.

- ¿Qué podría hacer de forma diferente y que supusiera un paso positivo para tratar este problema?
- ¿Qué puedo hacer con el problema en este momento?
- ¿Cómo puedo hacer frente a este problema de una manera diferente?
- ¿Sobre qué tengo control y qué debo aceptar?
- ¿Cuáles son los objetivos o expectativas más realistas respecto a este problema?
- ¿Cuáles son los costes y los beneficios de considerar el problema en función de aquello en lo que puedo trabajar ahora mismo?

Mi problema de la vida real redefinido: ______________________________

____

____

____

____

____

El problema de la vida real de Liam redefinido:

«No puedo evitar las náuseas y el dolor de estómago, pero puedo asegurarme de que estoy comiendo bien y haciendo ejercicio. Cuando se producen estas sensaciones, puedo recurrir a algunas estrategias sencillas de manejo del dolor para convivir con él y sobrellevarlo. Seguiré estudiando, yendo a clase e interactuando con las personas haga lo que haga mi estómago. Sé que es una reacción común al estrés y que se irá tan rápido como ha llegado. Tengo que mantener la cabeza fría al respecto y no catastrofizar».

¿Fue usted capaz de construir una perspectiva más realista y viable del problema de la preocupación? Si tiene problemas con este ejercicio, busque la ayuda de un amigo cercano, de un familiar o de un terapeuta. Será difícil usar el enfoque de resolución de problemas si se centra en resultados que quedan fuera de su control.

Paso 3. Pase a la acción

Este paso consiste en poner en práctica la línea de actuación que ha desarrollado en el último paso. Es recomendable que escriba los diferentes pasos de su plan de acción. Esto implica especificar dónde, cuándo y cómo llevará a cabo cada paso del plan. Además, puede valerse de la siguiente hoja de trabajo para registrar todo lo que ha hecho para poner en marcha el plan.

Ejercicio: Rastree sus acciones

Enumere los pasos específicos del plan de acción basados en su redefinición del problema de la vida real. Enumere en una hoja en blanco los pasos adicionales en caso necesario.

Paso 1:	Paso 2:
Paso 3:	Paso 4:
Paso 5:	Paso 6:
Paso 7:	Paso 8:
Paso 9:	Paso 10:

A continuación, anote las acciones que ha llevado a cabo en su vida diaria para seguir el plan.

Fecha	Acciones adoptadas para aplicar el plan	Cómo triunfó o fracasó la acción

El objetivo redefinido de Liam era adoptar una actitud de mayor aceptación hacia sus náuseas y su dolor de estómago. Para lograr este objetivo, lo dividió en los siguientes pasos:

1. Descubrir alimentos que irriten mi sistema gastrointestinal y eliminarlos de la dieta.
2. Mantener un horario diario y adoptar un estilo de vida más equilibrado.
3. No estudiar en exceso a causa de la preocupación y la ansiedad de los exámenes.
4. Incorporar la relajación y el disfrute en mis actividades diarias.
5. Mantener un horario regular incluso cuando sienta molestias en el estómago.
6. Practicar estrategias sencillas de manejo del dolor y de reenfoque cuando sienta dolor.
7. Corregir los pensamientos negativos exagerados sobre el dolor de estómago y las náuseas.

Paso 4. Evalúe su éxito

Es importante evaluar si el plan que implementó en el último paso es efectivo. Conviene que revise la hoja de trabajo «Rastree sus acciones» a fin de determinar si ha tenido éxito con la implementación o no. Necesitará indicadores específicos para saber si la línea de actuación fue efectiva. Pregúntese:

- ¿He seguido todos los pasos de mi plan de acción?
- ¿Fueron algunos pasos más difíciles que otros?
- ¿He dedicado suficiente tiempo a implementar el plan o lo he dejado para más adelante?
- ¿Hay que cambiar algunos pasos del plan para que sean más útiles?

Liam leyó algo sobre la relación entre las náuseas y el dolor de estómago, por un lado, y el estrés, por otro. Llevó un diario de alimentos y descubrió que algunos tendían a alterar su estómago en mayor medida que otros. También estableció un programa de ejercicio regular con un par de amigos. Mantuvo un horario de estudio más razonable para frenar su tendencia a prepararse en exceso y se puso en contacto con algunos antiguos amigos a fin de aumentar su vida social. Evaluó sus náuseas y su dolor de estómago a diario, tomando nota de su capacidad para tolerar los síntomas mientras seguía con su vida habitual. Sin embargo, Liam tenía problemas para corregir su pensamiento negativo sobre los síntomas, así que decidió pedir ayuda a un terapeuta cognitivo-conductual. Al igual que Liam, puede que usted también necesite hacer algunos cambios en su plan. Sin duda, descubrirá que la resolución de problemas es una de las mejores estrategias para frenar la preocupación por los problemas de la vida real.

Descatastrofizar la preocupación

Toda preocupación es un pensamiento repetitivo sobre los peores escenarios posibles. La catástrofe imaginada puede ser una posibilidad inmediata, o puede ser una posibilidad remota en un futuro lejano, como: «¿Moriré joven?», «¿Y si no le gusto a nadie?», «¿Y si me quedo sin dinero y caigo en la indigencia?», «¿Y si la vida no tiene sentido?», «¿Y si estoy condenado el infierno?». Esto no quiere decir que estas preocupaciones «imaginativas» no sean importantes o sean pura ficción. Son las peores posibilidades, pero a menudo son acontecimientos lejanos que quedan fuera de nuestra esfera de control. Hay cosas que podemos hacer para vivir con salud, ahorrar para la jubilación y cultivar relaciones significativas. Pero estas acciones no eliminan la posibilidad de una calamidad mayor, como una enfermedad grave, la muerte o la ruina financiera. Por este motivo, la descatastrofización es una mejor manera de afrontar la preocupación imaginativa que la resolución de problemas. Esta estrategia consta de cuatro fases.

Fase 1. Descubrir la catástrofe

La descatastrofización comienza con la identificación del peor escenario imaginado, o catástrofe, en el centro de la preocupación. Una de las catástrofes que imaginaba Liam era que sus calificaciones bajaran debido al estrés y la preocupación. Como resultado de ello, no conseguiría entrar en la Facultad de Medicina y pasaría el resto de su vida sintiéndose derrotado, inútil y deprimido. Otra catástrofe que imaginaba era el miedo a sentirse tan impulsado a sobresalir en la universidad que terminara aislado, dependiendo de sus padres y sin amigos o relaciones significativas.

Revise las preocupaciones que enumeró en la «Lista de verificación de las esferas de la preocupación» y seleccione una que sea frecuente, que resulte angustiante y que esté relacionada con alguna posibilidad lejana y temida. Escriba esta *preocupación imaginativa* en el espacio provisto al efecto.

Mi preocupación imaginativa: ______________________________

____

____

____

La preocupación imaginativa de Liam:

«Tengo treinta y cinco años y vivo una vida solitaria y patética carente de propósito o significado porque estoy atrapado en un trabajo mundano y mal pagado. Estoy viviendo un desperdicio de vida caracterizada por el fracaso, la debilidad y la vergüenza. Todo esto se debe a que nunca pude recuperarme de no poder ingresar en la Facultad de Medicina».

¿Cuál es el peor escenario posible que está impulsando su preocupación? Para comprender el miedo que está en el centro de la preocupación, es importante que escriba una descripción detallada del resultado catastrófico que imagina que podría ocurrir. El siguiente ejercicio le ayudará a escribir una descripción completa de la catástrofe de su preocupación.

Ejercicio: La narrativa catastrófica

Escriba una descripción de cómo sería su vida si se produjera el resultado catastrófico. La descripción debe tener una extensión mínima de media página. Intente detallar las causas y las consecuencias de la catástrofe para usted, su familia, sus amigos y otras personas. Las siguientes preguntas le ayudarán a describir su narrativa catastrófica.

- ¿Qué cree usted que causó la catástrofe? ¿Quién fue el responsable?
- ¿Qué efecto negativo tiene sobre su estado de ánimo, sus acciones, sus relaciones sociales, su salud física? ¿Qué efecto tiene sobre sus seres queridos?
- ¿Qué probabilidades hay de que se produzca la catástrofe? ¿Cree que podría soportarla?
- ¿Se imagina teniendo algún control sobre la catástrofe? ¿Cómo intentaría afrontarla?
- ¿Cómo se arruinaría su vida o cambiaría para mal si se produjera la catástrofe?

Mi narrativa catastrófica: ______________________________

____

____

____

____

____

____

____

____

____

____

____

Use una hoja en blanco en caso de que necesite más espacio. Si tiene dificultades para escribir una narrativa o no está seguro de si está pensando de manera catastrófica, puede pedir ayuda a alguien que conozca sus preocupaciones –su pareja, sus padres, un amigo cercano o un terapeuta–. La eficacia de la descatastrofización depende de que haya conseguido tener una descripción completa del resultado de su preocupación más temida.

Fase 2. Evalúe la catástrofe

La catastrofización es lo que hace que la preocupación repetitiva sea tan angustiosa. Sin embargo, este tipo de pensamiento es una exageración de la realidad que da por sentado que el resultado temido le abrumará. Las investigaciones indican que el 85% de nuestras preocupaciones no resultan ser tan malas como pensamos, y cuando se produce un resultado negativo, la mayoría de nosotros (79%) lo afrontamos mucho mejor de lo que esperábamos[9]. Así pues, coloquemos su pensamiento catastrófico bajo el microscopio, pongámoslo a prueba y descubramos un posible resultado más equilibrado y realista que la catástrofe imaginada. Una estrategia terapéutica denominada «reestructuración cognitiva» es una forma eficaz de corregir un pensamiento inútil como la catastrofización[10].

La reestructuración cognitiva de la preocupación catastrófica consta de cuatro elementos principales: (a) reunir pruebas a favor y en contra de que ocurra la catástrofe, (b) evaluar la capacidad de afrontamiento de la persona, (c) detectar los errores de pensamiento, y (d) realizar experimentos conductuales en los que se pongan a prueba las predicciones catastróficas en tiempo real. La tabla 3.1 presenta los errores cognitivos más comunes en la preocupación.

---

9. T. D. Borkovec, H. Hazlett-Stevens y M. L. Diaz, «The Role of Positive Beliefs About Worry in Generalized Anxiety Disorder and Its Treatment»: *Clinical Psychology and Psychotherapy* 6 (1999), 126–138.

10. A. T. Beck y G. Emery (con R. L. Greenberg), *Anxiety Disorders and Phobias: A Cognitive Perspective*, Basic Books, Nueva York 1985 (trad. esp.: *Trastornos de ansiedad y fobias: una perspectiva cognitiva*, Desclée De Brouwer, Bilbao 2014).

Tomemos, por ejemplo, un enfoque de reestructuración cognitiva para el miedo catastrófico de Liam a no conseguir ingresar en la Facultad de Medicina y terminar siendo un perdedor miserable y patético para el resto de su vida. Este enfoque comienza con la evidencia de que muchos aspirantes a estudiantes de Medicina no consiguen entrar en la facultad, por lo que Liam podría investigar lo que les ocurre a estas personas. ¿Cuáles son las pruebas de la catástrofe, de que los estudiantes están condenados a una vida de miseria si no logran el sueño de estudiar Medicina? ¿Hay pruebas que contradigan la catástrofe? Por ejemplo, ¿conoce Liam a familiares o conocidos que hayan experimentado una decepción profesional importante y que, sin embargo, hayan conseguido vivir una vida muy satisfactoria y con sentido? Asimismo, ¿hay pruebas de que es capaz de afrontar la decepción mejor de lo esperado? ¿Qué otros objetivos vitales importantes podría alcanzar, sea médico o no? ¿Acaso no podría seguir teniendo una relación amorosa íntima, ser un padre devoto, tener muchos amigos y una buena salud, ganarse la vida cómodamente, viajar por todo el mundo y contribuir de manera significativa a su comunidad sin una carrera de Medicina? A medida que Liam examina su comportamiento catastrófico, puede detectar varios errores en su pensamiento –sacar conclusiones precipitadas, adivinar el futuro y pensar en términos de todo o nada–. Este nuevo análisis de su pensamiento catastrófico podría conducir a Liam a una perspectiva alternativa: «Hay mucho más en una vida plena que ser médico. Necesito ver mi futuro de manera más amplia y centrarme en todos los aspectos de la vida que contribuyen a la felicidad y a la satisfacción con la vida. No ser aceptado en la Facultad de Medicina sería una decepción desafiante, pero no imposible de superar». El siguiente ejercicio presenta una hoja de trabajo que le ayudará a usar la reestructuración cognitiva en su narrativa catastrófica.

Tabla 3.1. Errores de pensamiento comunes en la preocupación

Error, distorsión	Definición	Ejemplo
Sobreestimar la amenaza	Creamos una gran expectativa de que es más probable que suceda el peor resultado posible de lo que es realísticamente posible.	Cuando nuestro hijo adolescente no vuelve a casa cuando debería, asumimos que ha tenido un accidente de coche.
Sacar conclusiones precipitadas	Cuando creemos que algo no está bien, concluimos que va a ocurrir lo peor sin pensar en cómo podría suceder.	Asumimos que estamos en problemas porque nos piden que nos reunamos con Recursos Humanos.
Razonamiento emocional	Asumimos que el hecho de estar ansioso significa que hay una mayor probabilidad de que ocurra el peor resultado.	Nos sentimos ansiosos por volar, así que suponemos que volar debe ser peligroso.
Adivinación	Hacemos predicciones negativas sobre el futuro como si pudiéramos preverlo.	Nos preocupa hacer una presentación y damos por sentado que lo haremos mal.
Todo o nada	Consideramos la amenaza y la seguridad en términos rígidos y absolutos, como si estuvieran del todo presentes o del todo ausentes.	Si hay tensiones ocasionales, nuestro matrimonio se ve amenazado, pero si siempre nos llevamos bien, nuestro matrimonio debe estar bien.
Personalización	Asumimos una responsabilidad excesiva o nos culpamos completamente de los acontecimientos negativos.	Tenemos un hijo difícil y asumimos que se debe a nuestra «mala» crianza.

Ejercicio: Reestructuración cognitiva

Lea su narrativa catastrófica y escriba todas las razones (evidencias) que indican que es muy probable que se produzca este peor resultado. A continuación, escriba todas las razones que sugieren que el peor resultado es mucho menos probable de lo que cree. Repita el ejercicio en busca de evidencias o razones a favor y en contra de su capacidad para afrontar el peor resultado si se produjera. Puede recurrir a cualquier información que haya encontrado, a sus experiencias pasadas o a las experiencias de otras personas.

Evidencias a favor y en contra de la probabilidad de que se produzca la catástrofe	Evidencias a favor y en contra de mi capacidad personal para afrontar la catástrofe
Evidencias a favor de que suceda:	Evidencias de que no podría afrontarla:
Evidencias en contra de que suceda:	Evidencias de que podría afrontarla:

Enumere los errores de pensamiento evidentes en su pensamiento catastrófico (véase la tabla 3.1): ____________________________

____

¿Qué podría hacer para poner a prueba su capacidad para afrontar algún aspecto negativo de la preocupación? ____________________________

____

Después de completar el ejercicio, ¿le sorprendió descubrir que las evidencias de la catástrofe eran más bien endebles? ¿Estaba usted exagerando la probabilidad de que pudiera ocurrir? ¿Había pruebas considerables de que podía afrontar el peor resultado (la catástrofe) mejor de lo que dio por sentado? La reestructuración cognitiva es el elemento más importante de la descatastrofización, así que es recomendable que dedique más tiempo a este ejercicio.

Si su trabajo de reestructuración cognitiva ha tenido éxito, se dará cuenta de que la forma en que ha estado pensando en su preocupación está llena de errores y falsas suposiciones. La catastrofización alimenta la preocupación desbocada. Dedique un momento a revisar algunas de las características del PNR en el capítulo 1. ¿Puede ver cómo el pensamiento catastrófico provoca el PNR, haciendo que su preocupación sea intensa, persistente e incontrolable? La fase final de la descatastrofización consiste en crear una alternativa más realista y equilibrada al pensamiento catastrófico.

Fase 3. Desarrolle un resultado alternativo

El pensamiento catastrófico es una predicción. La persona preocupada piensa: «Más vale que me prepare para una catástrofe porque, con la suerte que tengo, es probable que ocurra». Pero la preocupación repetitiva no conduce a una preparación eficaz. Qué perdida de tiempo y de esfuerzo si la catástrofe nunca llega a ocurrir o si está tan alejada en el futuro que sería mejor ocuparse de problemas más inmediatos. Para contrarrestar las predicciones catastróficas, tendrá que pensar en un resultado más probable y realista que siga siendo negativo, pero que sea una alternativa a la catástrofe. Piense en varios resultados potenciales «no muy positivos» asociados a su preocupación y seleccione el resultado que crea que es más probable que ocurra. No endulce la alternativa con el resultado más deseado. Esto no será útil. En vez de ello, quédese con un resultado negativo que se encuentre en algún lugar intermedio entre un resultado muy deseado y el peor resultado posible que pueda imaginar (la catástrofe). El siguiente ejercicio proporciona pautas y una hoja de trabajo para crear un resultado posible más equilibrado que pueda imaginar que podía ocurrir con su preocupación.

Ejercicio: Un predicción más realista

Escriba una predicción o una expectativa que presente un resultado negativo más probable y realista relacionado con su preocupación. Puede escribir esta descripción en el espacio provisto a continuación, o puede introducirla en su teléfono para tenerla más a mano. Esta predicción alternativa debe incluir los siguientes elementos.

- Cómo se produjo el resultado esperado: qué secuencia de eventos condujo al resultado.
- La consecuencia del resultado: cómo le afectó a usted o a otros miembros de su familia de forma inmediata y a largo plazo.
- Cómo se enfrentó al resultado: qué hizo para gestionar este giro más realista, pero no deseable, de los acontecimientos.
- Cómo aceptó la incertidumbre del resultado: no le abrumó la aparición repentina e inesperada del acontecimiento negativo.

Mi resultado alternativo: ________________________________

____

____

____

____

____

____

¿Ha tenido dificultades para pensar en un escenario alternativo y más realista de su preocupación catastrófica? De ser así, considere la alternativa de Liam a su preocupación repetitiva por un descenso en su rendimiento académico que sabotearía su sueño de ser médico y le llevaría a una vida desperdiciada, miserable y sin sentido.

Escenario alternativo de Liam:

«Todos los estudiantes se enfrentan a un futuro incierto. No puede ser de otra manera porque el futuro es desconocido. Yo solo puedo hacerlo lo mejor posible en el ámbito académico, aunque puede que no sea suficiente. La puerta de la Facultad de Medicina puede cerrarse y, como millones de jóvenes, tendré que hacer frente a una gran decepción en mi vida. Tendré que buscar otras formas de alcanzar un propósito, un significado y una realización. Tal vez lo encuentre en mis relaciones más íntimas e importantes o en una carrera igualmente desafiante en ciencias o en los negocios. Muchas personas fuera de la medicina "viven una buena vida", y muchas dentro de ella viven vidas insatisfechas y deprimentes. Mi felicidad depende de mucho más que de la medicina. Pero, por ahora, solo puedo hacerlo lo mejor posible porque no hay nada más que lo que es mejor para uno mismo. El futuro es desconocido y está lleno de incertidumbre. No tengo más remedio que hacerlo lo mejor posible, aceptar la incertidumbre, resolver la decepción y adoptar una perspectiva más amplia sobre la felicidad».

Uso efectivo de la descatastrofización

La descatastrofización es más eficaz cuando se practica con regularidad. ¡No basta con hacerlo una vez! Cada vez que nos preocupemos, conviene que volvamos a nuestro trabajo de descatastrofización, revisando y agregando nuestras respuestas cuando tengamos nueva información o una experiencia de preocupación diferente. Corregir el pensamiento catastrófico no es simplemente una cuestión de recitar la narrativa alternativa. En lugar de ello, tendremos que profundizar en las razones por las que el pensamiento catastrófico no es realista y en los motivos por los que la alternativa es el resultado más probable. Recuerde que, en muchos casos, nuestras preocupaciones nunca se materializan.

Pero quizás siga atrapado en el pensamiento catastrófico. Se ha dado cuenta de que el resultado alternativo es más probable, pero tiene miedo de dejar ir el resultado catastrófico. Tal vez siga creyendo que estará mejor preparado si piensa en el peor resultado posible. De ser así, escriba cómo afrontaría esta catástrofe. La mayoría de nosotros somos mejores de lo que pensamos a la hora de afrontar las experiencias negativas y estresantes. En el capítulo 2 aprendimos que dejar ir el control sobre los pensamientos negativos repetitivos, como la preocupación, es fundamental para mejorar el control sobre este tipo de pensamientos. El enfoque de descatastrofización de tres fases puede ayudarle a dejar de lado los esfuerzos infructuosos por controlar la preocupación.

La intervención de exposición a la preocupación

La preocupación es una forma de evitar nuestros miedos más intensos. Usted sabe, como persona que se preocupa, que no es una estrategia de evitación eficaz porque acaba sintiéndose ansioso. Debido a esta función de evitación, enfrentarse a la preocupación de forma sistemática y controlada es una forma muy eficaz de reducir la frecuencia y la intensidad de la preocupación. El siguiente ejercicio explica cómo afrontar la preocupación.

Ejercicio: Exposición sistemática a la preocupación

Programe una sesión de exposición diaria de treinta minutos durante al menos dos semanas. Lo mejor es hacerlo a una hora fija cada día. Deberá encontrar un lugar tranquilo y cómodo donde no le interrumpan. También conviene que tenga a mano su «Narrativa catastrófica» a modo de recordatorio sobre cómo preocuparse. Las siguientes directrices le ayudarán a centrarse profundamente en la catástrofe de la preocupación.

- Comience la sesión con cinco minutos de respiración lenta, profunda, rítmica y centrada en sí mismo para despejar su mente de las preocupaciones y actividades del día.
- Traiga la preocupación a su mente usando la «Narrativa catastrófica». Piense profundamente en la preocupación y en su peor resultado.
- Centre su mente en todos los detalles de la preocupación: qué ocasionó la catástrofe imaginada, de qué manera tuvo usted la culpa, así como los efectos inmediatos y a largo plazo de la misma en usted y en sus seres queridos.
- Preste atención a los sentimientos de ansiedad y angustia asociados a la preocupación. Observe cómo usted mismo es la causa de que se sienta peor a medida que se sumerge en la preocupación.
- Si su mente deambula durante la sesión de preocupación, vuelva a centrar su atención suavemente en el tema de la preocupación.

- Al cabo de treinta minutos, detenga la sesión de preocupación. Si siente que todavía quiere preocuparse más, déjelo para otro día.
- Termine la sesión con otros cinco minutos de respiración relajada.
- Planifique realizar alguna actividad u otra tarea tras la sesión de preocupación.

Use la siguiente hoja de trabajo para registrar la calidad de su sesión de exposición a las preocupaciones. Anote la fecha, la duración de la sesión y el contenido de su preocupación. A continuación, indique el grado de claridad con que recuerda su preocupación y el nivel medio de angustia que experimentó durante la sesión de exposición. Use una escala del 0 al 10 para evaluar su capacidad de recuerdo, donde 0 es que no generó preocupación y 10 es que su experiencia de preocupación era idéntica a la que sentía en los momentos en que se preocupaba espontáneamente. Use una escala de 0 al 10 para evaluar su nivel medio de angustia, donde 0 indica que no hubo angustia durante la sesión, y 10 indica que estuvo tan angustiado como cuando se preocupa de forma natural.

Fecha de la sesión	Duración de la sesión (minutos)	Contenido de la preocupación durante la exposición imaginal	Calidad del recuerdo de la preocupación (0–10)	Nivel medio de angustia (0–10)

Después de dos semanas de exposición a la preocupación, revise sus anotaciones en la tabla. ¿Era capaz de pensar de forma catastrófica y de tener una experiencia de preocupación vívida? ¿Disminuyó su nivel de angustia en la medida en que más a menudo se preocupaba? La mayoría de las personas descubren que, con el tiempo, se aburren de la preocupación. La experiencia de preocupación perderá su intensidad cuando tome el control y se obligue a pensar repetidamente en la preocupación.

La exposición sistemática es otra estrategia poderosa para aprender a dejar ir la preocupación repetitiva. Si la practica a diario, es probable que observe una disminución de la preocupación en pocos días. Cuando la preocupación aparezca fuera de la sesión de exposición, anote cualquier nuevo pensamiento de preocupación para que pueda añadir este nuevo material a su sesión de preocupación. Es importante que se recuerde a sí mismo que debe guardar sus preocupaciones para la sesión de exposición programada más adelante en el día. Si tras dos semanas de sesiones de exposición repetidas se siente más ansioso y preocupado, suspenda el ejercicio y consulte con su terapeuta o con un profesional de la salud mental cualificado.

Resumen

En este capítulo hemos aprendido lo siguiente:

- La preocupación es una inquietud excesiva por la posibilidad de que se produzca un resultado negativo relacionado con un objetivo o una tarea importante de la vida.
- La preocupación se convierte en un problema cuando hay una mayor intolerancia a la incertidumbre, una incontrolabilidad, una atención selectiva a la amenaza, una dependencia de las respuestas de control ineficaces, una aceptación de las creencias de preocupación positivas y negativas, y una resolución de problemas fallida.
- Existen dos tipos de preocupación: una que se ocupa de problemas actuales y realistas, y otra que se centra en cuestiones más hipotéticas y distantes.

- La estrategia de resolución de problemas de cinco pasos es una de las intervenciones más eficaces para la preocupación relacionada con un problema actual y realista.
- El pensamiento catastrófico se encuentra en el centro de la preocupación repetitiva e imaginativa. La descatastrofización es una de las estrategias más eficaces para este tipo de preocupación. Consiste en detectar, evaluar y corregir una predicción catastrófica y sustituirla por una expectativa más realista y probable.
- La exposición a la preocupación es otra estrategia eficaz para la preocupación repetitiva. Es un enfoque sistemático y autocontrolado de la preocupación que contrarresta el miedo y la evitación de la catástrofe imaginada.

¿Y ahora qué?

La resolución de problemas, la descatastrofización y la exposición a la preocupación son estrategias para reducir los pensamientos negativos repetitivos, o preocupación, sobre el futuro. Pero el futuro no es la única dimensión temporal que puede verse abrumada por la negatividad. Podemos dirigir fácilmente nuestra negatividad atencional hacia el pasado y preocuparnos de forma negativa por lo que nos sucedió. Cuando esto sucede, pasamos de los implacables «y si» de la preocupación a las persistentes preguntas «por qué» de la rumiación.

Interrumpa la rumiación

4

Es posible que sus pensamientos negativos repetitivos no se refieran al futuro, sino más bien a alguna decepción del pasado. Podría preguntarse constantemente: «¿Por qué me sucedió esto?», o: «¿Por qué mi vida no puede ser diferente?». Este cuestionamiento implacable del pasado recibe el nombre de *rumiación*, y es otra forma común de PNR. Al igual que la preocupación conduce a la ansiedad, la rumiación contribuye a la tristeza y la depresión. La rumiación se parece mucho a la preocupación, salvo por el hecho de que se centra en las experiencias negativas pasadas y se preocupa por nuestra incapacidad a la hora de alcanzar objetivos y deseos vitales[1].

¿Hay algo en su pasado en lo que no pueda dejar de pensar? ¿Se produjo una gran decepción, una pérdida, un fracaso u otra dificultad y no deja de preguntarse por qué sucedió y lo mucho que ha afectado a su vida? ¿Se siente ahora deprimido, desanimado o desesperado? Podemos llegar a preocuparnos por casi cualquier experiencia negativa. Consideremos los siguientes ejemplos:

- La evaluación anual de su trabajo es tibia.
- Experimenta la pérdida o la ruptura de una relación valiosa.
- Le diagnostican una enfermedad grave.

1. E. R. Watkins, *Rumination-Focused Cognitive-Behavioral Therapy for Depression*, Guilford Press, Nueva York 2016.

- Experimenta una decepción o un revés profesional importante.
- Lleva mucho tiempo deprimido.

No todas las rumiaciones son iguales. Pueden variar en duración e intensidad. Sabemos que estar atrapado en el pasado es malo para nuestra salud mental, pero no podemos librarnos de este estado. La preocupación por el pasado nos está distrayendo de las preocupaciones importantes del presente, y nos está llevando al desánimo y la desesperación. En este capítulo, aprenderemos las estrategias que pueden convertir la derrota en una victoria sobre la rumiación repetitiva.

Al igual que la mayoría de las personas, es posible que usted tenga una comprensión racional de la rumiación. Esto está bien para una conversación cotidiana. Sin embargo, para usar los ejercicios y las hojas de trabajo que presentamos en este capítulo, se vuelve necesaria una comprensión más específica y basada en la ciencia sobre la rumiación. Comencemos, pues, con la historia de María, que muestra el vínculo entre la rumiación y la depresión. A continuación, conocerá dos tipos de rumiación y aprenderá cómo determinar si sus pensamientos persistentes sobre el pasado se consideran rumiación excesiva. El resto del capítulo proporciona instrucciones sobre tres estrategias para acabar con la rumiación que funcionan desviando su atención del pasado al presente.

La historia de María: Atrapada en la rumiación

María sufría repetidos ataques de depresión que podían durar varios meses. En los últimos años, las depresiones se repetían con mayor frecuencia. A María le recetaron varios antidepresivos que le resultaron de ayuda, pero nunca logró un estado libre de síntomas. María tuvo que solicitar en un par de ocasiones una incapacidad temporal. Aunque tenía una carrera exitosa, la vida de María no había ido como ella esperaba. Se vio envuelta en un par de rupturas sentimentales serias y duraderas que la dejaron con el corazón roto. Cada vez era más reticente a la intimidad en su vida y tuvo algunas experiencias desastrosas con las citas en línea. Le resultaba difícil hacer amigos, por lo que su vida social estaba estancada. No hacía mucho más que trabajar y pasaba la mayoría de las noches y los fines de semana sola en casa. Ganó peso por culpa de una mala alimentación y de un escaso ejercicio físico. En definitiva, María odiaba su vida y se reprendía a sí misma por ser incapaz de recomponerse.

Cuando estaba deprimida, María experimentaba un incesante bombardeo de preguntas «por qué». «¿Por qué sigo deprimida?», «¿Por qué no puedo salir de la depresión?», «¿Por qué soy tan perezosa e incapaz de motivarme para hacer algo los fines de semana?», «¿Por qué no me he enamorado?», «¿Me equivoqué al romper con el último chico?», «¿Por qué los hombres no me encuentran atractiva?», «¿Por qué no tengo amigos?». María podía pasar horas atrapada en círculos viciosos de «pensamiento "por qué"» que hacían que se sintiera más deprimida, ansiosa y desesperada sobre su futuro. Nunca llegó a encontrar ninguna respuesta a las preguntas «por qué». De hecho, los años de rumiaciones la llevaron a una conclusión devastadora: era una persona débil y sin valor que era incapaz de vivir una vida plena e interesante.

Dos tipos de rumiación

La rumiación se parece mucho a la preocupación. Ambas son formas de pensamiento negativas, repetitivas, incontrolables y pasivas. Muchas personas experimentan ambos tipos de pensamientos negativos. Sin embargo, existen varias diferencias importantes entre ellas. La rumiación se centra en el pasado, adopta la forma de preguntas «por qué», y tiende a asociarse con la depresión. La preocupación tiene una orientación hacia el futuro, adopta la forma de «y si», y se asocia con la ansiedad.

Al igual que la preocupación, la rumiación puede ser útil si se hace de forma correcta. Por ejemplo, imagine que está buscando trabajo y que acaba de tener una mala entrevista de trabajo. Podría pensar repetidamente en esa entrevista, tratar de comprender qué hizo mal y cómo podría corregirlo en el futuro. Esta sería una forma útil de rumiar. No se centra en: «¿Por qué estropeé la entrevista?», o: «Nunca tendré un buen trabajo», sino que se concentra en cómo podría mejorar sus habilidades para la entrevista. Con la rumiación útil, pasamos rápidamente de centrarnos en el pasado a ocuparnos de las preocupaciones actuales. Este tipo de rumiación nos ayuda a alcanzar los objetivos personales deseados. Proporciona nuevas ideas para mejorar nuestra situación actual. En este capítulo, aprenderemos a transformar la rumiación excesiva y desadaptativa en su contraparte más útil.

Existen dos tipos de rumiación desadaptativa. Uno es la *rumiación centrada en la emoción*, que se centra en las causas y las consecuencias del hecho de estar deprimido[2]. El segundo es la *rumiación reactiva al estrés*, que se centra en las causas y consecuencias de los acontecimientos estresantes de la vida. María tenía ambos tipos de rumiación. En ocasiones se atascaba tratando de averiguar por qué seguía deprimida y qué significaba para su vida en el futuro (*rumiación centrada en las emociones*). En otras, rumiaba las rupturas pasadas y por qué tenía dificultades para desarrollar una relación íntima (*rumiación reactiva al estrés*). Si usted rumia, ¿pasa la mayor parte del tiempo tratando de averiguar por qué le han pasado cosas malas o por qué no ha alcanzado sus obje-

2. S. Nolen-Hoeksema, «Responses to Depression and Their Effects on the Durations of Depressive Episodes»: *Journal of Abnormal Psychology* 100 (4) (1991), 569–582.

tivos vitales (rumiación reactiva al estrés)? ¿O está preocupado por las causas y las consecuencias de su depresión o ansiedad (rumiación centrada en las emociones)? Independientemente del tipo de rumiación que presente usted, es recomendable que dedique tiempo a los siguientes ejercicios, dado que proporcionan una base para las tres estrategias de reducción de la rumiación.

Ejercicio: Detectar sus preocupaciones de la rumiación

Recuerde las últimas veces que se ha visto atrapado en un ciclo de rumiación –es decir, un ciclo incesante de preguntas «por qué»–. ¿Hay temas o cuestiones comunes en su pensamiento? ¿Pensaba en cómo se sentía (por ejemplo, deprimido) o en algún acontecimiento estresante del pasado? Escriba una breve descripción de cada rumiación en el espacio correspondiente.

Rumiación centrada en las emociones: ______________________________

____

____

____

Rumiación reactiva al estrés: ______________________________

____

____

____

¿Tiene que ver más su rumiación con estar deprimido, o están relacionados sus pensamientos con alguna decepción pasada? ¿Tiene más de una rumiación? De ser así, use una hoja de papel adicional para anotarlas todas. No pasa nada si solo puede pensar en un tipo de rumiación. Puede dejar el tipo irrelevante en blanco. Algunas personas solo tienen un tipo de rumiación. Si tiene problemas para recordar una rumiación, considere la posibilidad de observar sus momentos depresivos durante la próxima semana y anote lo que piensa repetidamente. ¿Ve alguna rumiación en sus pensamientos negativos? En caso afirmativo, ¿de qué tipo?

Evaluación de la rumiación

Somos más propensos a rumiar cuando estamos deprimidos. Por eso, es importante determinar si la rumiación desempeña un papel significativo en su estado de ánimo deprimido. El siguiente ejercicio abarca las principales características de la rumiación. Podrá determinar la intensidad de su rumiación y si es excesiva en función de su puntuación. Los veinte ítems se centran en tres aspectos de la rumiación: un estilo de pensamiento repetitivo, las cavilaciones y las creencias positivas sobre la rumiación.

Ejercicio: Escala de la experiencia rumiativa

Marque el valor de la escala que indique en qué medida describe cada uno de los ítems sus experiencias y creencias de rumiación. Consulte las preocupaciones de rumiación centradas en las emociones y las reactivas al estrés que anotó anteriormente para refrescar su memoria sobre las experiencias de rumiación. Use la siguiente clave de puntuación:

0 = no describe mis creencias/experiencias de rumiación

1 = describe ligeramente mis creencias/experiencias de rumiación

2 = describe moderadamente mis creencias/experiencias de rumiación

3 = describe fuertemente mis creencias/experiencias de rumiación

4 = describe exactamente mis creencias/experiencias de rumiación

Afirmaciones Cuando rumio...	0	1	2	3	4
1. Pienso en el problema durante un largo período de tiempo, pero ello nunca me lleva a una mayor claridad o comprensión.					
2. Me pregunto qué hice para merecer estos problemas o mi desafortunada situación.					
3. Creo que me mantengo centrado en mis objetivos y valores personales.					
4. Me vuelvo muy autocrítico, me pregunto por qué no puedo afrontar las cosas de una manera más eficaz.					
5. Creo que me ayuda a descubrir por qué me están ocurriendo cosas negativas.					

6. No soy capaz de resolver el problema o de encontrar una solución por mucho que piense en ello.					
7. Tiendo a imaginar escenarios alternativos que podrían haber llevado a un mejor resultado.					
8. Creo que adquiero una comprensión y un significado más profundos.					
9. Me hago muchas ilusiones sobre el modo en el que podrían haber ido mejor las cosas.					
10. Me recuerda que es importante pensar en las dificultades.					
11. Me consumen tanto mis pensamientos sobre un problema que nada me distrae.					
12. A menudo me comparo con los demás y me pregunto por qué parece que estoy peor.					
13. Pienso en cómo me ayuda a prevenir futuros errores y fracasos.					
14. Mi mente repasa una y otra vez las mismas preocupaciones, especialmente cuando estoy angustiado.					
15. Creo que no se pueden realizar mejoras hasta que tenga una comprensión completa del pasado.					
16. Fantaseo sobre cómo los acontecimientos pasados podrían haber sido más parecidos a mi resultado ideal.					
17. Estoy convencido de que necesito comprender qué es lo que está causando mi depresión o mi angustia.					
18. Mi mente se ve consumida durante algún tiempo por el pasado.					
19. Creo que me ayudará a encontrar una mejor solución a mis problemas.					
20. Me pregunto por qué parezco tan débil e incapaz de afrontar las dificultades y los retos de la vida.					

Las puntuaciones de la «Escala de la experiencia rumiativa» pueden ir de 0 a 80. Esta escala ha sido desarrollada para este cuaderno de trabajo, de modo que no tenemos puntuaciones de corte que nos permitan distinguir entre la rumiación excesiva y la normal. Sin embargo, cuanto más alta sea su puntuación, más probable es que esté experimentando una rumiación excesiva. Si su puntuación total es de 60 o más, es posible que la rumiación excesiva contribuya significativamente a su angustia.

Lo que rumiamos depende de nuestra personalidad y de nuestra situación vital. ¿Qué ha aprendido usted sobre su rumiación? ¿La suya es una rumiación centrada en las emociones, una rumiación reactiva al estrés, o es una combinación de ambas? ¿Ha obtenido una puntuación de 60 o más en la «Escala de la experiencia rumiativa»? En caso afirmativo, las siguientes estrategias de reducción de la rumiación le resultarán eficaces para los pensamientos repetitivos sobre la depresión o alguna experiencia problemática pasada. Si su puntuación es inferior a 60, el resto del capítulo puede ayudarle a rumiar de una manera más útil. Sea cual sea su posición en la escala de rumiación, ha dado un paso importante para comprender cómo rumia. Ahora está preparado para usar este conocimiento a fin de cambiar su forma de pensar sobre el pasado.

Repensar los objetivos perdidos

Nuestros objetivos vitales más importantes son los que nos proporcionan seguridad emocional, protección y certidumbre. Cuando se interrumpe nuestra capacidad para alcanzar estos objetivos, podemos rumiar para tratar de entender qué es lo que ha ido mal[3]. Todos hemos pasado por eso de una forma u otra. Tal vez la seguridad financiera fuera importante para usted, pero luego, por alguna razón, sus ahorros e inversiones sufrieron un terrible golpe. O puede que diera un gran valor a la familia y a una relación afectiva, pero luego surgieran problemas matrimoniales y se encontrara alejado de su cónyuge e hijos. O quizás procurara practicar un estilo de vida saludable, pero de repente le diagnosticaran una enfermedad grave. Todos estos son ejemplos comunes de objetivos y aspiraciones interrumpidos que crean una brecha entre nuestro estado actual y un resultado deseado.

Cuando nuestros sueños se rompen en pedazos, nuestra atención suele dirigirse hacia el interior en un intento por comprender qué ha salido mal. Esto puede ser saludable si nos permite dejar ir el pasado y afrontar las conse-

3. S. C. Segerstrom, J. C. I. Tsao, L. E. Alden y M. G. Craske. «Worry and Rumination: Repetitive Thought as a Concomitant and Predictor of Negative Mood»: *Cognitive Therapy and Research* 24 (6) (2000), 671–688.

cuencias negativas actuales. Pero la rumiación se convierte a menudo en una débil estrategia de afrontamiento para intentar recuperar un objetivo perdido. Si está usted atrapado en una rumiación poco saludable, puede que piense que encontrará la razón de su fracaso o de su desafortunada experiencia de vida. Tal vez piense: «Puedo averiguar lo que ha causado este problema, descubriré una solución que mejorará mi vida». Ahora bien, el pensamiento repetitivo sobre el pasado rara vez produce grandes revelaciones. Más bien obstaculiza nuestra capacidad para afrontar eficazmente las consecuencias del pasado. Antes de darnos cuenta, nos vemos atrapados en un bucle mental sin un final a la vista.

Al rumiar, ¿se sorprende repitiendo las mismas cosas una y otra vez? Tal vez se pregunte una y otra vez: «¿Por qué me pasó esto a mí?», «¿En qué me equivoqué?», o no deje de pensar en cómo se ha arruinado su vida. Podemos quedar tan atrapados en la rumiación que olvidemos lo que perdimos –lo que una vez deseamos pero ya no podemos tener debido a la dificultad pasada–. Romper el ciclo de rumiación comienza por redescubrir aquello que perdió. ¿Qué objetivo quería lograr pero no puede alcanzar ahora debido a decepciones o dificultades pasadas? El siguiente ejercicio le ayudará a detectar el objetivo perdido que impulsa su rumiación y a pensar de manera más amplia en las razones por las que no logró alcanzarlo.

Ejercicio: Descubrir el objetivo perdido

Piense en un objetivo perdido o en una necesidad insatisfecha que le haga rumiar. Tal vez sea algo que quería conseguir pero no pudo, una relación valiosa que ya no existe, o un buen estado de salud que ha sido diezmado por una enfermedad o una lesión. Si tiene problemas para detectar un objetivo relacionado con su rumiación, revise las preocupaciones de rumiación que escribió antes. Teniendo en cuenta su rumiación, haga todo lo posible por responder a las siguientes preguntas.

- ¿Qué importancia tiene el objetivo fallido o interrumpido para su bienestar general y su satisfacción vital? ¿Podría recuperar algún nivel de satisfacción en la vida si el objetivo no se alcanza nunca? En caso afirmativo, ¿cómo sería su vida si nunca lograra el objetivo? ¿En qué se diferencia de la vida que imaginó en un principio?

____

____

- ¿Se ha perdido el objetivo temporal o permanentemente?

____

____

- ¿Qué consecuencias tiene en usted, en su familia o en los demás el hecho de no alcanzar este objetivo?

____

____

¿Ha sido capaz de detectar la aspiración o el objetivo perdido que impulsa su rumiación? A veces, el objetivo desbaratado por una experiencia negativa es obvio. En el caso de María, fue fácil ver que el hecho de tener una relación amorosa era una importante aspiración perdida que provocaba la rumiación. Creía que para ser feliz era necesario tener una relación íntima. Ahora bien, ¿es posible que María estuviera exagerando el impacto negativo de la soltería?

¿Es cierto que una persona no puede ser feliz si está soltera? ¿Es posible que, como le sucedió a María, usted haya exagerado el impacto negativo de un objetivo perdido? Además, puede estar pensando que su efecto negativo es permanente, pero ¿es posible que sus efectos sobre la satisfacción con la vida disminuyan con el tiempo?

¿Tiene dificultades con este ejercicio porque el objetivo perdido o no alcanzado no está claro? María también rumiaba sobre el hecho de estar deprimida, pero la interrupción del objetivo detrás de esta rumiación era más difícil de ver. Pudo descubrir el objetivo perdido cuando leyó la primera cuestión del ejercicio y se preguntó: «¿Cuál es la conexión entre estar deprimido y la satisfacción con la vida?». Si formulamos la pregunta de esta manera, el objetivo no cumplido es más fácil de ver. María no creía que pudiera tener calidad de vida mientras experimentaba episodios de depresión. La diferencia entre estar deprimida y no estarlo era enorme, y María podía enumerar fácilmente los muchos modos en que la depresión había frustrado sus esperanzas y sus sueños. En respuesta a la segunda pregunta, creía que la vida que tanto deseaba se había perdido definitivamente a causa de los muchos años que había pasado luchando contra la depresión. Las consecuencias de no superar la depresión afectaban a todas las facetas de su vida, desde las relaciones hasta el trabajo, pasando por su sentido central de autoestima. Pensar en la depresión como un ladrón que le había robado sus sueños más preciados y la satisfacción de la vida alimentó la tendencia de María a rumiar sobre la depresión.

El único modo de vencer la rumiación es cambiar nuestra forma de pensar sobre una experiencia negativa pasada. El primer paso es comprender cómo afecta a su vida y, a continuación, determinar si sus efectos son tan malos como usted ha estado pensando. Al igual que María, es posible que crea que el hecho de no lograr el objetivo deseado ha destruido su capacidad de alcanzar algún grado de felicidad. Sin embargo, esto solo refuerza la rumiación y le impide superar el pasado y sus consecuencias negativas.

Esto nos lleva al siguiente paso para aprender a disminuir la rumiación. Es importante pensar de manera más profunda en la rumiación en sí misma y en si usted ha obtenido algún beneficio después de todos los meses, o incluso años, de este pensamiento repetitivo. ¿Está más cerca de alcanzar la felicidad rumiando? ¿Le ha ayudado la rumiación a descubrir cómo cerrar la brecha entre lo que deseaba y lo que realmente sucedió? El siguiente ejercicio le ayudará a considerar estas cuestiones con mayor profundidad.

Ejercicio: *Insights* sobre la rumiación

Durante los próximos días reserve treinta minutos para rumiar.

Parte I. Piense en las dos o tres últimas veces en las que estuvo seriamente atascado en la rumiación. Anote en una hoja en blanco la hora y el lugar del episodio de rumiación, y en qué estaba pensando. El hecho de escribirlo agudizará su recuerdo de la experiencia rumiativa. A continuación, considere la diferencia entre el objetivo perdido o no satisfecho que constituye el centro de su rumiación (véase el ejercicio anterior), así como el grado de consecución del objetivo. Use el espacio provisto para poner por escrito sus respuestas.

Lo que deseaba para mí (el objetivo perdido): ______________________

____

Mi situación actual (en qué medida he logrado el objetivo): ______________________

____

Parte II. En la parte I estableció la diferencia entre el objetivo o el resultado que deseaba y lo que ha logrado. A continuación, válgase de las siguientes preguntas para considerar si la rumiación le ha ayudado a comprender por qué no logró el objetivo.

1. ¿En qué medida el hecho de no alcanzar el objetivo se debió a sus acciones o decisiones? Enumere lo que hizo para socavar su objetivo. Enumere otras razones en una hoja en blanco.

    a. ______________________

    b. ______________________

    c. ______________________

    d. ______________________

2. ¿Qué hay de los demás? ¿En qué medida el hecho de no alcanzar su objetivo se debe a las acciones o las decisiones de los demás? Enumere lo que hicieron estas otras personas para socavar su objetivo.

    a. ______________________

    b. ______________________

    c. ______________________

    d. ______________________

3. ¿Qué hay de las causas aleatorias? ¿En qué medida el hecho de no alcanzar su objetivo se debe a acontecimientos ajenos a su voluntad (mala suerte)? Enumere aquí esas experiencias desafortunadas.

   a. ______________________

   b. ______________________

   c. ______________________

   d. ______________________

Parte III. Gracias al trabajo realizado en las partes I y II ha adquirido una comprensión más profunda de cómo una experiencia negativa pasada interfirió en un objetivo deseado. De acuerdo con esta nueva comprensión, enumere lo que podría hacer en el presente para avanzar hacia el logro de su objetivo.

a. ______________________

b. ______________________

c. ______________________

d. ______________________

Este ejercicio será difícil si no tiene un recuerdo claro de los episodios de rumiación pasados. Si este ha sido su caso, considere la posibilidad de escribir dos o tres experiencias de rumiación durante la próxima semana o incluso durante la siguiente. Luego puede completar el ejercicio sobre la base de esas experiencias.

Gracias a su trabajo en estos ejercicios, ha obtenido nuevas perspectivas sobre las causas y las soluciones de su objetivo insatisfecho. Compare esto con lo que ganó durante los períodos prolongados de rumiación. ¿Le han venido a la mente alguna solución nueva al trabajar en este ejercicio? ¿Es capaz de ver ahora que la rumiación no funciona? Las investigaciones sobre la rumiación apoyan esta conclusión. Resulta que la rumiación es una mala estrategia de afrontamiento porque limita nuestra atención a nuestra forma de pensar y de sentir, en lugar de abrirla a oportunidades más realistas de resolución de problemas[4].

4. E. R. WATKINS, *Rumination-Focused Cognitive-Behavioral Therapy for Depression, op. cit.*

Cuando rumiamos, rara vez pensamos en cómo interfirió la experiencia negativa en la consecución de objetivos importantes de la vida. Al completar los ejercicios de descubrimiento e *insight*, ha dado usted un paso importante para alejar su pensamiento de la rumiación. Le ha hecho más consciente de que no está avanzando en la consecución de su objetivo deseado y en ser feliz rumiando. Es el momento de considerar la posibilidad de cambiar la forma de abordar este objetivo. Tal vez necesite hacer ambas cosas. Esta era la situación de María. Tenía que cambiar su objetivo de encontrar el amor verdadero y transformarlo en el de maximizar la felicidad siendo una mujer trabajadora y soltera de mediana edad. Necesitaba un enfoque más orientado a la acción: ser más sociable, aumentar su red de amistades y enriquecer sus actividades recreativas y de esparcimiento. Si estos cambios la llevaban a tener más oportunidades de salir con alguien, esto sería una ventaja. Con este nuevo enfoque, María notaría una disminución de las rumiaciones porque pasaría menos tiempo sola pensando en por qué seguía soltera. En lugar de ello, pasaría su tiempo descubriendo formas de ser feliz como mujer soltera. ¿Necesita usted, como María, un enfoque diferente para sus objetivos interrumpidos o perdidos?

Todos tenemos objetivos de vida específicos en el trabajo, la familia, las relaciones, la salud, la comunidad, la espiritualidad, etc. Pero nuestros objetivos específicos están conectados con la realización de un esfuerzo fundamental destinado a conseguir la felicidad, la realización y la satisfacción en la vida. Cuando rumiamos, tendemos a perder de vista nuestro deseo de felicidad. Este es el objetivo último que perdemos al rumiar. El último ejercicio de esta sección le pide que reconsidere cómo puede adoptar un enfoque diferente para lograr una mayor satisfacción con la vida (felicidad) a pesar de las decepciones y los fracasos del pasado.

Ejercicio: Plan de objetivos alternativo

Basándose en el último ejercicio, intente trazar un plan de acción que le ayude a cerrar la brecha entre su objetivo deseado y su situación actual. En lugar de centrarse en la consecución de un objetivo específico, acepte que el objetivo no puede alcanzarse de la manera que deseaba usted en un principio. En su lugar, describa qué otras cosas podría hacer –fuera del objetivo específico– que tuvieran un impacto positivo en su satisfacción con la vida. Conviene que se muestre concreto sobre lo que necesita hacer, cuándo, dónde y con qué frecuencia. Puede consultar el enfoque de resolución de problemas del último capítulo para ayudarse en este ejercicio.

Su plan de acción debe enumerar las acciones y las decisiones específicas que aumentarán su satisfacción con la vida. Los ejercicios que ha completado en esta sección están diseñados para guiarle hacia un plan de acción alternativo. Si tiene dificultades para pensar en formas de ser más feliz a pesar de las malas experiencias del pasado, pida ayuda a su terapeuta, a su cónyuge o a un amigo cercano. Una vez que haya redactado su plan de acción, es importante que lo ponga en práctica. Si no van acompañadas de una acción, las intenciones son bastante inútiles. Cuando participa en el plan alternativo, está actuando contra la rumiación y contra sus efectos perturbadores sobre los objetivos de la vida. Sin embargo, transformar el modo en que se enfrenta a los objetivos perdidos no es la única forma de reducir la rumiación. La siguiente sección presenta una estrategia para cambiar su estilo de pensamiento.

De las preguntas «por qué» a las preguntas «cómo»

¿Se ha dado cuenta de que cuando rumia hace muchas preguntas que comienzan con «por qué»? «¿Por qué me ha vuelto a pasar esto?», «¿Por qué mi vida no mejora nunca?», «¿Por qué me castigan?», «¿Por qué sigo fracasando?». La rumiación consiste en preguntarse por qué nos pasan cosas malas, cuáles son sus consecuencias, y qué significa todo ello[5]. Por lo tanto, no es de extrañar que otra forma de reducir la rumiación sea sustituir «por qué» por «cómo». Las preguntas «por qué» nos mantienen atrapados en la rumiación, mientras que las preguntas «cómo» nos liberan de los pensamientos repetitivos del pasado. En los ejercicios anteriores descubrió que el hecho de buscar repetidamente las causas rara vez conduce a una nueva comprensión o a la resolución de una dificultad pasada. Por esa razón acabamos sintiéndonos más angustiados y desanimados cuando rumiamos.

El psicólogo británico Edward Watkins[6] proporciona un tratamiento para la rumiación que se centra en pasar de las preguntas abstractas que comienza con un «por qué», propias de la rumiación, a las soluciones concretas del «cómo». Su enfoque presenta tres pasos fundamentales:

5. *Ibíd.*
6. *Ibíd.*

1. Saber cuándo está cayendo en el pensamiento «por qué».
2. Sustituir las preguntas «por qué» por las correspondientes preguntas «cómo».
3. Practicar el cambio del «por qué» al «cómo» durante los períodos de rumiación.

Trabajaremos en estos pasos, comenzando con un ejercicio para aumentar su conciencia de cuándo está cayendo en el pensamiento «por qué».

Ejercicio: Conciencia de la pregunta «por qué»

Revise su trabajo en los ejercicios anteriores. ¿Puede detectar algunos temas comunes sobre las causas, las consecuencias o el significado en su rumiación? ¿Cuáles son las preguntas «por qué» más frecuentes asociadas a estos temas? Escriba sus preguntas «por qué» en cada categoría en el espacio provisto.

1. Causas de la preocupación rumiativa (enumere las preguntas que se hace sobre el motivo por el que se produjo la experiencia negativa):
   a. ______
   b. ______
   c. ______
2. Consecuencias de la preocupación rumiativa (enumere las preguntas «y si», pensando en los efectos negativos de la experiencia pasada no deseada, así como en qué manera podría haberle ido mucho mejor si no hubieran ocurrido ciertas cosas):
   a. ______
   b. ______
   c. ______
3. Significado de la preocupación rumiativa (enumere las formas en que la experiencia negativa tiene importancia o es significativa para usted):
   a. ______
   b. ______
   c. ______

La rumiación de María sobre el hecho de estar deprimida muestra cómo el ejercicio puede guiarnos hacia una mayor conciencia sobre las preguntas «por qué». Al pensar en sus episodios rumiativos, recordó muchas preguntas sobre las causas de su depresión: «¿Por qué sigo deprimida?», «¿Se debe a alguna debilidad de mi carácter?», «¿Por qué no puedo salir de estas depresiones?», «¿Por qué estoy tan cansada y desmotivada todo el tiempo?». A continuación, enumeró todas las preguntas «y si» que inundaban su mente durante la rumiación: «¿Y si este episodio depresivo es diferente y nunca consigo mejorar?», «¿Y si pierdo mi trabajo por culpa de la depresión?», «¿Y si todo el mundo me abandona porque soy una aguafiestas?». Por último, reflexionó más a fondo sobre qué tiene de importante ser una persona propensa a la depresión. Pensó: «Quizá esto sea una prueba de que soy una persona débil, quizá me estén castigando por no ser más empática y cariñosa con la gente, o quizá sea lo que me merezco por ser tan egoísta». Al completar este ejercicio, María logró ser más consciente del *poder que tenía el «por qué»* a la hora de alimentar sus rumiaciones. ¿Hizo usted el mismo descubrimiento al completar el ejercicio? ¿Es el *por qué* un tema dominante cuando rumia?

El siguiente paso es sustituir las preguntas «por qué» de la rumiación por afirmaciones más concretas y basadas en la práctica. Para ello, es necesario detectar los efectos personales específicos y reales de la experiencia negativa pasada y, a continuación, desarrollar un plan de acción que nos haga avanzar en el presente en lugar de quedarnos rumiando sobre el pasado. Al hacer este cambio del «por qué» al «cómo», hay dos preguntas fundamentales: ¿Cómo sucedió esto? y: ¿Cómo puedo hacer algo al respecto?[7].

7. *Ibíd.*, 189.

Ejercicio: Sustituir el «por qué» por el «cómo»

Revise sus respuestas del ejercicio anterior y sustitúyalas por afirmaciones «cómo» valiéndose del enfoque de tres pasos.

Paso 1. Escriba la secuencia específica de acontecimientos que condujeron a la experiencia negativa que ahora rumia. Absténgase de culpar o juzgar. En su lugar, sea lo más objetivo y preciso posible sobre lo que sucedió en realidad y sobre lo que causó la experiencia negativa.

Paso 2. Enumere algunas acciones y decisiones que puede tomar para controlar mejor los efectos negativos de la preocupación rumiativa. Estos cambios deberían disminuir el efecto negativo de la preocupación en usted o en los demás. Este será su plan de acción que enumera los distintos pasos que puede usted dar para manejar la preocupación de una manera más constructiva.

Paso 3. Escriba cómo podría entender la experiencia negativa pasada de una manera más específica que evite sobregeneralizar o exagerar su importancia. Piense en la preocupación rumiativa como una experiencia discreta, limitada en el tiempo y específica de la situación, más que como un momento definitorio de su vida.

¿Ha podido sustituir su pensamiento «por qué» rumiativo por preguntas «cómo» para resolver problemas? Si ha pasado mucho tiempo rumiando un acontecimiento negativo pasado o se ha visto atrapado en un pensamiento cíclico sobre el hecho de estar deprimido, puede ser difícil cambiar las preguntas «por qué» por un pensamiento constructivo «cómo». Es recomendable que dedique más tiempo a este ejercicio porque es una estrategia clave para interrumpir la rumiación. Sus respuestas en estos ejercicios serán más útiles si las revisa después de haber tenido una nueva ronda de rumiación.

Cuando María rumiaba sobre su depresión, se quedaba atascada en el modo de pensamiento «por qué». Para convertir esto en un pensamiento más constructivo, su pensamiento debía centrarse en cómo podía afrontar su depresión de forma más eficaz. Al completar el paso 1, María pudo enumerar varias cosas que empeoraban su depresión:

«Cuando me siento triste durante varios días, evito a la gente en el trabajo y en casa».

«Aumento el número de atracones de comida y el consumo de comida basura hasta que siento náuseas».

«Aplazo las tareas importantes del trabajo».

El trabajo de María en el paso 2 consistiría en sustituir su rumiación exagerada y autoculpabilizadora sobre la depresión por un plan más centrado en el problema. Podría adoptar varias medidas específicas a fin de reducir los efectos negativos de la depresión, como:

«Hacer planes para socializar con la familia y los amigos, y buscar oportunidades para conversar con los compañeros de trabajo, especialmente cuando estoy deprimida».

«Quedar para hacer ejercicio con un amigo tres o cuatro veces por semana».

«Actualizar mi perfil en las páginas web de citas en línea».

El trabajo de María en el paso 3 podía centrarse en su creencia de que la depresión era un signo de debilidad, autocompasión y de una baja autoestima. Era difícil verlo de otra manera, pero podía cambiar esta opinión leyendo sobre la depresión y hablando con amigos y familiares sobre lo que significa estar deprimida. Esto podría llevar a varias formas diferentes de entender la depresión, como por ejemplo:

«Soy una persona fuerte e ingeniosa y lo muestro de muchas maneras, tanto si me siento deprimida parte del tiempo como si no».

«La depresión se me presenta siempre limitada en el tiempo, por lo que los momentos en que no estoy deprimida superan con creces los períodos de depresión».

«La propensión a la depresión es una afección manejable, al igual que otras afecciones de salud crónicas».

Con este ejercicio usted ha aprendido a cambiar su pensamiento del «por qué» al «cómo». Se ha dado cuenta de que es importante pasar de la parálisis de la rumiación al plan de acción concreto que ha desarrollado en el paso 2. Pero ahora necesita practicar su nuevo estilo de pensamiento del «cómo». El siguiente ejercicio presenta un experimento conductual de «por qué-cómo» que puede usar para practicar el cambio de su mente del modo de pensar «por qué» de la rumiación al estilo de pensamiento del «cómo»[8].

Ejercicio: Cambio de mentalidad en el momento de la rumiación

Programe un tiempo específico en el que pueda dedicarse al pensamiento rumiativo durante veinte o treinta minutos. Elija un lugar tranquilo, cómodo y sin interrupciones. Es recomendable que revise las hojas de trabajo «Conciencia de la pregunta "por qué"» y «Sustituir el "por qué" por el "cómo"» durante el ejercicio. Practique el cambio de mentalidad siguiendo estos pasos.

1. Dedique los cinco primeros minutos a centrar su mente y a relajarse. Para ello, practique la respiración controlada, que consiste en respirar lenta y profundamente, pero de manera natural. Concéntrese en las sensaciones físicas asociadas a la respiración. Cuando su mente deambule, vuelva a centrarse suavemente en las sensaciones físicas de la respiración relajada.
2. A continuación, recuerde su principal preocupación rumiativa y piense profundamente en ella durante tres o cinco minutos. Si la rumiación tiene que ver con un acontecimiento angustioso pasado, imagínese reviviendo esa experiencia. Si está rumiando sobre el hecho de estar deprimido, imagine lo que se siente al vivir su día más depresivo.

8. E. E. Watkins, *Rumination-Focused Cognitive-Behavioral Therapy for Depression, op. cit.*

3. Ahora que está totalmente comprometido con su rumiación, revise las razones por las que se originó la preocupación rumiativa que enumeró en el ejercicio «Conciencia de la pregunta "por qué"». Imagine que estas «causas» le están sucediendo realmente. Una vez que estén plenamente en su mente, desplace su atención a cómo sucedieron realmente las cosas enumeradas en el paso 1 del ejercicio «Sustituir el "por qué" por el "cómo"». Dedique más tiempo a imaginar detalles específicos de lo que realmente sucedió para provocar la experiencia negativa. Mantenga la imagen del «cómo» durante cinco o siete minutos.
4. Repita el paso anterior, pero esta vez imagine las consecuencias de la preocupación rumiativa de la parte 2 del ejercicio «Conciencia de la pregunta "por qué"», e imagine también cómo puede reducir estas consecuencias, como escribió en el paso 2 del ejercicio «Sustituir el "por qué" por el "cómo"». Una vez más, aporte tantos detalles y realismo a la imagen como sean posibles, siendo especialmente consciente de todas las formas en que usted podría reducir los efectos negativos de la experiencia que está causando su rumiación.
5. Repita el paso 3 para ver cómo ha interpretado o entendido la preocupación rumiativa. En primer lugar, piense profundamente en las interpretaciones erróneas que enumeró en la parte 3 del ejercicio «Conciencia de la pregunta "por qué"» y, a continuación, imagine las interpretaciones más equilibradas y realistas que generó en el paso 3 del ejercicio «Sustituir el "por qué" por el "cómo"». Asegúrese de pasar el doble de tiempo imaginando la interpretación más equilibrada que la errónea.

Use la siguiente hoja de trabajo para anotar su experiencia con el cambio de mentalidad. Dibuje una marca en la segunda columna cada vez que realice un cambio de mentalidad. En la tercera columna, evalúe el éxito general de la sesión de desplazamiento mental. Emplee una escala de 0 a 10, donde 0 significa que la sesión no ha tenido ningún éxito o que ha sido un completo desperdicio, y donde 10 significa que la sesión ha sido todo un éxito y que ha sido capaz de pasar del «por qué» al «cómo» con facilidad. Es conveniente que practique este ejercicio de manera repetida.

Día	Sesión de 20 minutos de cambio de mentalidad completada	Valore el éxito de la sesión de cambio de mentalidad (0–10)	Advierta cualquier problema con que se haya encontrado
Lunes			
Martes			
Miércoles			
Jueves			
Viernes			
Sábado			
Domingo			

La eficacia del cambio de mentalidad depende de cuánto practique. Si lo hace repetidamente, se volverá más hábil a la hora de transformar su pensamiento del «por qué» al «cómo». Tenga paciencia consigo mismo cuando haga este ejercicio. Está aprendiendo una habilidad mental nueva, aunque difícil, que es una manera eficaz de interrumpir la rumiación una vez que la domina. Tras varios intentos con el cambio de mentalidad, tome nota de cualquier problema que haya enumerado en la última columna y piense en cómo podría mejorar su experiencia con el ejercicio.

El propósito del ejercicio «Cambio de mentalidad en el momento de la rumiación» es guiarle hacia una forma más productiva de pensar en las dificultades y en los errores pasados que desencadenan la rumiación. Pero también es importante poner en práctica esta nueva forma de pensar. A través de este proceso, descubrirá nuevas formas de afrontar los efectos negativos de la preocupación rumiativa que fortalecerán el pensamiento «cómo». En el caso de María, esto significaría afrontar los días de depresión de una manera diferente. Hay varias cosas que podría hacer, como programar actividades sociales con sus amigos y su familia, mantener su rutina de ejercicios, comer con regularidad, programar una actividad agradable y conversar con los compañeros de trabajo. El lector descubrirá que el cambio de mentalidad será más eficaz a la hora de interrumpir la rumiación si está respaldado por cambios reales en el comportamiento.

Del «interior» al «exterior»

La rumiación consiste en quedarse atrapado en nuestra cabeza. Los ejercicios anteriores están diseñados para ayudarle con este problema y animarle a reenfocar sus esfuerzos en el aquí y ahora. Sin embargo, no basta con cambiar la forma de pensar. Para vencer realmente la rumiación, también tenemos que cambiar nuestro comportamiento. Esto implica pasar de un enfoque «interior» en *lo que estoy pensando* a un enfoque «exterior» en *lo que puedo hacer*.

Cuando estamos absortos en una actividad, experimentamos una profunda implicación y una concentración total en la tarea que tenemos entre manos. El hecho de estar totalmente absortos en una actividad hace que perdamos la noción del tiempo. Los deportistas pueden estar tan absortos en el juego que podrían no darse cuenta de que han sufrido una pequeña lesión hasta una vez acabado el juego. ¿Recuerda experiencias pasadas en las que estaba concentrado o absorto intensamente en una actividad? Puede ser la música, la actuación, el deporte, la lectura, un pasatiempos, el estudio o algún aspecto del trabajo. ¿Recuerda lo que se sentía al estar totalmente absorto?

Involucrarse en una experiencia absorbente es una forma muy eficaz de interrumpir la rumiación[9]. Una tarea absorbente requiere toda nuestra atención, por lo que no queda nada para la rumiación. Por supuesto, una tarea mundana o repetitiva requiere menos atención, por lo que quedan muchos recursos atencionales para la rumiación. Por eso tenemos que participar en una actividad que requiera toda nuestra atención –una actividad verdaderamente absorbente[10]–. Nuestras experiencias absorbentes son, con frecuencia, espontáneas. Hemos de ser más estratégicos si esperamos usar la distracción contra la rumiación. El siguiente ejercicio le ayudará a descubrir qué actividades podrían calificarse como tareas absorbentes que puede usar para interrumpir la rumiación.

9. *Ibíd.*
10. *Ibíd.*

Ejercicio: Absorción conductual

Haga una lista de actividades que le gusten y que sean lo suficientemente exigentes como para que ocupen totalmente su mente cuando las realice. Intente elaborar una lista de entre diez y quince actividades que pueda hacer solo, sin grandes gastos ni planificación. Actividades incluidas en los pasatiempos, el ejercicio, el deporte, el ocio, las artes y otras actividades creativas pueden ser lo suficientemente atractivas para considerarse como una experiencia absorbente. Use la hoja de trabajo para hacer una lista de actividades que le resulten atractivas y evalúe el grado de absorción que espera obtener en esa actividad en una escala de 0 a 10, donde 0 es ninguna absorción y 10 es una absorción total.

Actividad	Absorción esperada (0–10)
1.	
2.	
3.	
4.	
5.	
6.	
7.	
8.	
9.	
10.	
11.	
12.	
13.	
14.	
15.	

Después de elaborar su lista de actividades de absorción, dibuje un asterisco al lado de las cinco actividades con los índices de absorción más altos y que sean más agradables y prácticas de realizar. Lleve a cabo una de las actividades de absorción cuando rumie. Varíe la frecuencia con la que realiza cada actividad, de modo que no se aburra o pierda interés, algo que reduciría la capacidad de la actividad para distraerle de la rumiación.

La rumiación se vuelve frecuente e intensa cuando nos quedamos atrapados en nuestra cabeza. El ejercicio «Absorción conductual» está diseñado para apagar la rumiación, sacarnos de nuestras cavilaciones y hacernos participar más en el mundo exterior que nos rodea. Cambiar la forma de pensar sobre nuestras dificultades pasadas y volver a centrarnos en los desafíos y las oportunidades de nuestro alrededor son poderosas herramientas para acabar con el hábito de la rumiación.

Resumen

En este capítulo hemos aprendido lo siguiente:

- Existen dos tipos de rumiación: una centrada en las causas y las consecuencias de sentirse deprimido, y otra centrada en la razón por la que se produjo un acontecimiento vital negativo en el pasado que frustró aspiraciones y objetivos importantes.
- Como forma común del PNR, la rumiación implica la interrupción de objetivos y una forma de pensar generalizada y abstracta. Aunque es similar a la preocupación, la rumiación se centra en las decepciones pasadas, lo que la convierte en un tipo diferente de pensamiento repetitivo.
- Los dos factores más importantes para entender la rumiación son su orientación hacia el pasado y su incesante preocupación por intentar entender mejor las causas y las consecuencias de una situación desafortunada.

- Cambiar nuestra forma de pensar sobre un objetivo que no logramos en el pasado y sustituirlo por lo que podemos hacer para progresar en el presente.
- Aprender a cambiar nuestra forma de pensar de las preguntas «por qué» de la rumiación a las preguntas prácticas «cómo» que guían la planificación de la acción.
- Salir de nuestras cavilaciones y centrarnos en una actividad absorbente más que en la inútil búsqueda rumiativa de respuestas.

¿Y ahora qué?

La rumiación es difícil de interrumpir, especialmente si usted está clínicamente deprimido. Se necesita tiempo para practicar las estrategias que presentamos en este capítulo. Si ha hecho todo el trabajo de este capítulo pero todavía sigue rumiando, considere la posibilidad de revisar su trabajo con un profesional de la salud mental. De igual manera, los individuos que están muy deprimidos necesitarán la orientación y el apoyo de un terapeuta para sacar el máximo provecho de este capítulo.

Cuando a las personas buenas les ocurren cosas malas, la rumiación es una posible respuesta. Cuando rumiamos estos fracasos y decepciones del pasado, podemos caer en un sentimiento de culpa por las oportunidades perdidas. Esto nos lleva a otro tipo de PNR sobre el pasado llamado arrepentimiento. Este es el tema de nuestro próximo capítulo.

Supere el arrepentimiento

5

Apenas pasa un momento en nuestra vida cotidiana que no implique una decisión. Algunas son triviales –por ejemplo, si debemos permanecer en la cama cinco minutos más, qué vamos a comer o qué película vamos a ver–. Otras decisiones son profundas y tienen consecuencias de gran alcance, como la elección de nuestro trabajo, de un compañero de vida, de dónde vamos vivir o de si debemos seguir un tratamiento médico recomendado. Por supuesto, todas las acciones y decisiones están asociadas a resultados. Cuando un resultado es positivo, nos alegramos de haber tomado la decisión correcta. Pero cuando nuestra decisión nos lleva a un resultado negativo, a menudo nos arrepentimos. Cuanto más importante es la decisión, mayor es el arrepentimiento. Curiosamente, el arrepentimiento persistente se debe más a una oportunidad perdida («Ojalá hubiera elegido otro camino») más que a la comisión de un error grave. El arrepentimiento es la emoción negativa que sentimos cuando hemos tomado decisiones o realizado acciones que han tenido un impacto negativo importante en nuestra vida.

Este capítulo trata del arrepentimiento. Si bien es una emoción que nos resulta familiar, en muchos aspectos es más misteriosa que el miedo o la tristeza. Esto hace que sea especialmente importante conocer primero las actividades críticas que hacen que el arrepentimiento sea tan doloroso y cómo el pensamiento repetitivo de arrepentimiento alimenta la depresión y la autoculpabilización. Proporcionaremos hojas de trabajo que le permitirán evaluar sus experiencias de arrepentimiento y su estilo de pensamiento repetitivo. Además, le enseñaremos a emplear dos estrategias que pueden ayudarle a superar el pensamiento de arrepentimiento.

La historia de Emily: Llena de arrepentimiento

Emily lo tenía todo a su favor. Su infancia había sido prácticamente idílica: provenía de una familia acomodada con padres cariñosos, tenía una hermana mayor a la que admiraba y muchos compañeros de juego que llenaban sus días de diversión y aventuras. Esto continuó en el instituto, donde se la consideraba una de las chicas más populares, alguien que parecía tenerlo todo: belleza, inteligencia, sociabilidad, energía, confianza y humor. Toda esta esperanza y este optimismo continuaron cuando Emily entró en la universidad. Pero las cosas empezaron a cambiar para peor en el segundo año. Ahora, quince años después, la vida no le ha ido tan bien a Emily. Está casada, tiene dos hijos en edad escolar, trabaja a tiempo parcial en un trabajo de poca importancia, vive en los suburbios aislada de su familia y sus amigos, y está atrapada en un matrimonio sin amor y estancado. Durante los últimos cinco años, ha estado tomando antidepresivos para lo que su médico de cabecera llama depresión clínica.

Cuando Emily echa la vista atrás en su vida, le invade el arrepentimiento. Se arrepiente haber abandonado sus estudios universitarios para conseguir un trabajo que permitiera que su marido pudiera continuar sus estudios en la Facultad de Derecho. Rompió con su primer amor después de engañarle con su actual marido, pero ahora se pregunta si tomó la decisión equivocada. Cuando su marido decidió aceptar una oferta de un bufete de abogados en una ciudad lejana, Emily no protestó por la mudanza, aunque ahora odie el lugar en el que viven. Y cuando su marido quiso que sus hijos no se llevaran mucho tiempo entre ellos, Emily aceptó quedarse de nuevo embarazada a pesar de que se sentía abrumada por las exigencias de su primer bebé. Cuando está desesperada, Emily piensa en todas estas decisiones e imagina cómo habría sido su vida si hubiera acabado sus estudios universitarios y hubiera perseguido sus aspiraciones profesionales, si se hubiera casado con su primer amor, o incluso si hubiera insistido en que no se mudaran tan lejos de su familia y sus amigos. Cuando Emily soñaba con cómo podrían haber sido las cosas, solo hacía que su realidad actual pareciera mucho peor. La dejaba con un profundo sentimiento de decepción, de autoculpabilidad y de desesperanza. Había estropeado su vida, y ahora estaba pagando las consecuencias.

¿Se siente identificado con la historia de Emily? ¿Ha tomado decisiones importantes en su vida y ahora está lleno de arrepentimiento, decepción y autoculpabilidad porque, echando la vista atrás, tomó la decisión equivocada? En caso afirmativo, es posible que el pensamiento de arrepentimiento esté desempeñando un papel importante en su angustia emocional. Aunque el arrepentimiento es algo común, la mayoría de las personas no entiende realmente esta forma repetitiva de pensar en el pasado. Así que empecemos por desentrañar el arrepentimiento.

Desenredar el arrepentimiento: Pensamiento «debería» y «podría»

Arrepentirse es, literalmente, sentir pena por uno mismo. Tomar una decisión personal requiere que renunciemos a otras opciones. Cuando nos damos cuenta de que la otra opción habría conducido a un resultado más deseable, sentimos arrepentimiento[1]. Dicho con otras palabras, arrepentirse es pensar que deberíamos haber hecho algo diferente. Lo más probable es que sintamos arrepentimiento cuando nuestra situación actual no es la deseada, y asumimos la responsabilidad personal por no haber tomado una decisión diferente que hubiera dado lugar a un mejor resultado. Por ejemplo, Emily decidió dejar la universidad después de su segundo año para ayudar a su marido a estudiar Derecho. Ahora se arrepiente de esa decisión, ya que cree que continuar sus estudios universitarios le habría proporcionado una carrera profesional satisfactoria, en lugar del trabajo a tiempo parcial y mal pagado que llevaba años soportando.

El arrepentimiento no siempre es algo malo. Si nos motiva a tomar una línea de actuación diferente y a evitar que quedemos atrapados en una autoculpabilización excesiva, puede ser útil. Pero cuando una acción o una decisión pasada da lugar a un resultado no deseado, la autoculpabilización puede ser abrumadora. Cuando esto sucede, podemos quedar atrapados en ciclos

1. T. Gilovich, «The Experience of Regret: What, When, and Why»: *Psychological Review* 102 (2) (1995), 379–395; N. J. Roese, K. Epstude, F. Fessel, M. Morrison, R. Smallman, A. Summerville y S. C. Segerstrom, «Repetitive Regret, Depression, and Anxiety: Findings from a Nationally Representative Sample»: *Journal of Social and Clinical Psychology* 28 (6) (2009), 671–688.

repetitivos de pensamiento de arrepentimiento. Cuando el arrepentimiento se vuelve excesivo, nos concentramos repetidamente en culparnos a nosotros mismos por lo que podría haber sido un resultado mejor[2]. Podemos llamar a esto «pensamiento "debería", "podría"». Se caracteriza por pensar: «Debería haber tomado una decisión diferente que hubiera llevado a una línea de actuación distinta y a un mejor resultado».

Cuando el pensamiento de arrepentimiento se vuelve repetitivo, se parece mucho a la rumiación. Ambos tipos de pensamiento son muy negativos, hacen frente a las experiencias pasadas e implican una considerable autoculpabilización. Si está usted luchando contra la depresión persistente, la culpa, la ansiedad o las emociones negativas en general, considere la posibilidad de que tanto la rumiación como el pensamiento de arrepentimiento estén contribuyendo de manera importante a su angustia[3].

La vida ofrece numerosas oportunidades para arrepentirse. Los derechos y las libertades individuales de una democracia proporcionan un amplio campo de toma de decisiones personales, lo que nos permite determinar la dirección de nuestra vida. Tomamos decisiones sobre nuestra educación, nuestra trayectoria profesional, con quién nos casaremos, dónde viviremos, e incluso si tendremos hijos. Cada elección que realizamos conlleva la posibilidad de que nos arrepintamos[4]. Sin embargo, nuestros arrepentimientos no son aleatorios. Los seis mayores arrepentimientos para los estadounidenses tienen que ver con la educación, la trayectoria profesional, los romances, la paternidad, la superación personal y el ocio, mientras que los menores tienen que ver con las finanzas, la familia, la salud, los amigos, la espiritualidad y la comunidad[5]. Las primeras seis preocupaciones causan más arrepentimiento porque

2. N. J. Roese, K. Epstude, F. Fessel, M. Morrison, R. Smallman, A. Summerville y S. C. Segerstrom, «Repetitive Regret, Depression, and Anxiety: Findings from a Nationally Representative Sample», *art. cit.*

3. M. A. Kraines, C. P. Krug, and T. T. Wells, «Decision Justification Theory in Depression: Regret and Self-Blame»: *Cognitive Therapy and Research* 41 (2017), 556–561; N. J. Roese, K. Epstude, F. Fessel, M. Morrison, R. Smallman, A. Summerville y S. C. Segerstrom, «Repetitive Regret, Depression, and Anxiety: Findings from a Nationally Representative Sample», *art. cit.*

4. T. Gilovich, «The Experience of Regret: What, When, and Why», *art. cit.*

5. N. J. Roese y A. Summerville, «What We Regret Most...and Why»: *Personality and Social Psychology Bulletin* 31 (9) (2005), 1273–1285.

son vitales para nuestra calidad de vida, y pensamos que siempre tenemos la posibilidad de corregir una mala decisión. Si creemos haber tomado una mala decisión sobre la educación, siempre podemos volver a estudiar a cualquier edad. Nunca es demasiado tarde para recibir más educación. Las preocupaciones que menos arrepentimiento llevan aparejadas tienen que ver con aspectos de nuestra vida que parecen menos susceptibles de corrección. Si usted tomó una mala decisión financiera en el pasado, puede tardar años en recuperarse, si es que consigue hacerlo.

Arrepentimiento: Un caso de arrepentimiento del comprador

Hay varias características de la toma de decisiones que aumentan la probabilidad de que experimente un intenso arrepentimiento por su elección, una especie de arrepentimiento o remordimiento del comprador (el presentimiento de haber cometido un error después hacer de una compra). Cuantos más factores estén presentes, más probable será que experimente el pensamiento repetitivo de arrepentimiento asociado a la depresión, la culpa, la ansiedad y otros tipos de angustia personal.

1. *Resultado negativo*. El pensamiento persistente de arrepentimiento solo ocurre si una decisión causa un resultado no deseado que tiene un valor personal significativo. Si una decisión causa un resultado altamente deseado, nuestro corazón se llena de regocijo en lugar de arrepentimiento. Pero sentiremos arrepentimiento si pensamos que hemos emitido un juicio negativo sobre algo importante en las circunstancias de nuestra vida actual. Emily empezó a arrepentirse de su decisión matrimonial únicamente cuando surgieron tensiones y conflictos en su matrimonio. Estar atrapada en un matrimonio sin amor desencadenó un pensamiento repetitivo sobre las causas de su infelicidad matrimonial y la llevó a cuestionarse sus decisiones románticas pasadas.
2. *Fallos de inacción*. Al principio, el arrepentimiento es más intenso cuando hemos cometido un error, pero, con el tiempo, el enfoque se desplaza hacia el arrepentimiento por nuestra inacción. Tendemos a

centrarnos en los «fracasos lamentables» porque es mucho más difícil entender por qué decidimos no hacer algo, que ahora sabemos que sería mejor para nosotros, que saber por qué tomamos una decisión equivocada[6]. Cada vez que elegimos una línea de actuación, significa que las opciones alternativas han sido ignoradas o rechazadas. Con el pensamiento de arrepentimiento repetitivo, nos centramos más en estas opciones alternativas o en los fallos de la acción. Cuando Emily se ve abrumada por los sentimientos de arrepentimiento, se imagina cómo podría haber sido su vida si hubiera continuado la relación con su primer novio serio de la universidad.

3. *Pensamiento fantasioso*. El arrepentimiento es peor cuando creemos que hay una alternativa mejor a lo que realmente ocurrió[7]. Como no podemos conocer el futuro, nuestra imaginación puede dar rienda suelta a la idea de que nuestra vida podría haber sido mucho mejor si hubiéramos tomado una decisión diferente. Algunos ejemplos de ello son: «Si me hubiera preparado más la entrevista, habría conseguido el trabajo de mis sueños», «Si hubiera comprado un coche de segunda mano más barato, no hubiera tenido tantos problemas financieros», «Si hubiera sido más sociable y extrovertido a los veinte años, ahora tendría una relación íntima y amorosa». Es más probable que tengamos estos sueños idealizados sobre *lo que podría haber sido* cuando nos sentimos deprimidos o experimentamos una circunstancia de vida difícil. Por desgracia, este tipo de pensamiento no es saludable y suele intensificar los sentimientos negativos de vergüenza, culpa y arrepentimiento[8].

4. *Falsa esperanza*. La esperanza es una creencia importante que nos ayuda a afrontar las dificultades y las decepciones. Pero hay un tipo de falsa esperanza que puede ser contraproducente. Resulta que el arrepentimiento es más intenso cuando creemos que todavía tenemos tiempo de corregir una mala decisión. Esto se ha denominado «el principio

6. T. Gilovich, «The Experience of Regret: What, When, and Why», *art. cit.*

7. N. J. Roese, «Counterfactual Thinking»: *Psychological Bulletin* 121 (1) (1997), 133–148.

8. E. R. Watkins, «Constructive and Unconstructive Repetitive Thought»: *Psychological Bulletin* 134 (2) (2008), 163–206.

de que la oportunidad genera arrepentimiento»[9]. Es un tipo de falsa esperanza porque no nos ayuda afrontar nuestras dificultades. Esta noción de que «la oportunidad percibida genera arrepentimiento» es una de las razones por las que las decisiones educativas son la causa más común de arrepentimiento. Siempre podemos volver a la escuela o hacer cursos en línea para corregir una supuesta deficiencia educativa. Pero esto puede ser una falsa esperanza si simplemente pensamos en la oportunidad pero no hacemos nada al respecto. Por otro lado, si no hay nada que podamos hacer con respecto a una decisión pasada, es menos probable que nos arrepintamos. El arrepentimiento de Emily por haber dejado la universidad era mucho mayor que el hecho de que entre sus hijos hubiera poca diferencia de edad. Todavía podía hacer algo para seguir estudiando, pero no podía cambiar la edad de sus hijos.

5. *Déficit de explicación*. A menudo hemos oído la frase: «Después de la batalla todos somos generales». Esta forma sesgada de pensar en el pasado es exactamente lo que ocurre en el arrepentimiento. Estamos más arrepentidos cuando somos incapaces de justificar una mala decisión o una acción pasada[10]. Esto sucede porque es difícil recordar las razones por las que tomamos una mala decisión en el pasado. Ahora tenemos la ventaja de saber que nuestra elección pasada nos llevó a un resultado no deseado, algo que no sabíamos cuando tomamos la decisión. Así que pensamos: «Debí imaginármelo», pero basamos este juicio en nuestros conocimientos actuales y no en los conocimientos limitados que teníamos cuando tomamos la decisión. Nos rendimos al «sesgo retrospectivo», y por eso nos sentimos más arrepentidos. Por el contrario, si concluimos: «Creo que tomé la mejor decisión con lo que sabía en ese momento», es menos probable que tengamos pensamientos de arrepentimiento.

   Emily se arrepentía de su decisión de dejar la universidad porque, quince años después, le cuesta justificar la decisión. Estaba convencida

9. N. J. Roese y A. Summerville, «What We Regret Most...and Why», *art. cit.*, 1274.
10. T. Connolly y M. Zeelenberg, «Regret in Decision Making»: *Current Directions in Psychological Science* 11 (6) (2002), 212–216.

de que tenía otras opciones a su alcance. Podría haber terminado sus estudios poco a poco trabajando lo suficiente para cubrir los gastos diarios mientras su marido estudiaba Derecho. Ahora no recuerda por qué se decantó tan rápidamente por dejar la universidad como solución a sus necesidades financieras inmediatas. Al pensar en el pasado, Emily había sido víctima del sesgo retrospectivo.

6. *Responsabilidad y control.* El arrepentimiento es mayor cuando creemos que teníamos el control de una decisión desafortunada y su resultado negativo. Esto le hace personalmente responsable de la mala decisión. Es difícil arrepentirse de las experiencias que quedan fuera de nuestro control. Si un resultado no deseado se debe a fuerzas externas, nos sentiremos mal por el infortunio, pero no tendremos la culpa. Es fácil ver que un sentido exagerado de responsabilidad personal causará una intensa autoculpabilidad, algo que está en el centro del arrepentimiento repetitivo.
7. *Autoculpabilización.* Cuando tenemos dudas sobre una decisión, el arrepentimiento se intensifica cuanto más nos culpamos por haber tomado una mala decisión. A medida que aumentaban sus problemas matrimoniales, Emily tenía más dudas e incertidumbre sobre si había tomado la decisión correcta al romper con su primer novio y mudarse con su actual marido. La duda y el arrepentimiento parecían alimentarse mutuamente. Cuanto más dudaba, mayor era el arrepentimiento, y viceversa.

La figura 5.1 muestra la relación que existe entre los siete factores que causan el pensamiento de arrepentimiento y la angustia asociada. Si ninguno de estos factores está presente en una decisión, los pensamientos de arrepentimiento estarán ausentes. Pero, a medida que experimentamos más y más algunos de estos factores, aumentará la posibilidad de que experimentemos un arrepentimiento intenso y repetitivo. Si la mayoría de estos factores están presentes en una decisión pasada importante, es más probable que tengamos pensamientos de arrepentimiento repetidos. También es de esperar que la intensidad de ese arrepentimiento dependa de la importancia de la decisión o acción pasada para nuestras ambiciones y nuestros objetivos vitales.

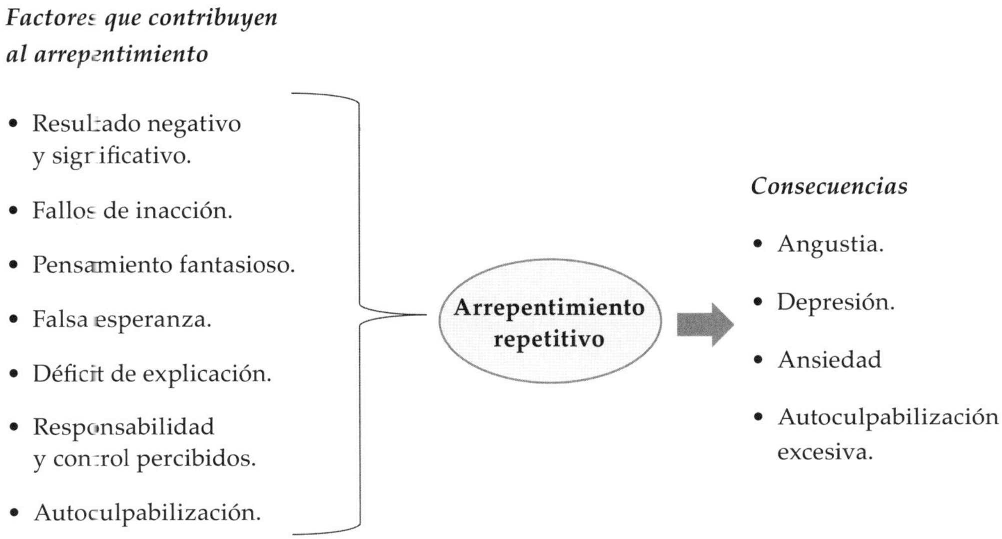

Figura 5.1. Un camino hacia el arrepentimiento repetitivo

Evaluar el arrepentimiento

Ante la avalancha de elecciones en la vida, es inevitable que sintamos arrepentimiento en ciertas ocasiones. No todas nuestras decisiones, ni siquiera las importantes, pueden ser siempre las mejores. Incluso las personas mejor dotadas desde el punto de vista intelectual se arrepienten tanto como el promedio de las personas[11]. Por tanto, arrepentirse no es una cuestión de inteligencia o de buena suerte. Como nadie puede escapar del arrepentimiento, es importante determinar si se ha convertido en un problema para usted. Empezaremos con las preocupaciones importantes de su vida y determinaremos si una decisión o una acción digna de que entre en juego el arrepentimiento está asociada a esa parte de su vida. A continuación, nos valdremos de una lista de verificación basada en los siete factores que contribuyen al arrepentimiento a fin de determinar si está experimentando un pensamiento de arrepentimiento repetitivo.

11. Véase N. J. ROESE y A. SUMMERVILLE, «What We Regret Most...and Why», *art. cit.*

Ejercicio: Esferas del arrepentimiento

A continuación enumeramos doce esferas de la vida que requieren una serie de elecciones, acciones y decisiones. Considere cada esfera de la vida y si se arrepiente de sus elecciones, decisiones o acciones en esa esfera. De ser así, indique brevemente en la segunda columna la acción o decisión de la que se arrepiente. Describa brevemente en la tercera columna una acción o una decisión alternativa que desearía haber tomado y que habría dado lugar a un mejor resultado en la actualidad.

Esfera de la vida	Acción o decisión de la que se arrepiente	Acción o decisión deseada
Trayectoria profesional		
Educación		
Familia		
Finanzas		
Salud		
Amigos		
Paternidad		

Ocio		
Comunidad		
Romance		
Espiritualidad		
Superación personal		

Las doce esferas de la vida son categorías desarrolladas por J. ROESE y A. SUMMERVILLE, «What We Regret Most...and Why», *art. cit.* en su metanálisis de estudios de clasificación del arrepentimiento.

¿Recuerda haber sentido arrepentimiento en una o más de las esferas de la vida? ¿Tuvo dificultades para pensar en una decisión o una acción alternativa más deseable que hubiera conducido a un mejor resultado? ¿Qué parece ejercer una mayor influencia en su pensamiento de arrepentimiento: las acciones de las que se arrepiente, que aparecen en la segunda columna, o la inacción enumerada en la tercera columna? Si observa un arrepentimiento persistente, pero le resulta difícil describir su arrepentimiento de acción o de inacción, considere la posibilidad de obtener ayuda de su cónyuge, de algún miembro de su familia o del terapeuta. Las intervenciones del arrepentimiento que describimos más adelante se basan en su trabajo en este ejercicio, así que tenga la hoja de trabajo a mano. Si no ha sido capaz de realizar ninguna anotación ni siquiera con ayuda, es posible que el arrepentimiento no sea un factor significativo en su angustia emocional.

Uno de los mayores arrepentimientos de Emily se solapaba con dos esferas: la educación y la trayectoria profesional. En el ámbito de la educación, la acción de la que se arrepentía y que anotó en la columna 2 fue haber dejado la universidad después de su segundo año, y la inacción de la que se arrepintió y que anotó en la columna 3 fue no haber completado sus estudios universitarios en Inglés y no haber obtenido luego un título que la capacitara para impartir la enseñanza secundaria. En la esfera de la trayectoria profesional, se arrepentía de haber tomado la decisión de aceptar un trabajo a tiempo parcial como maestra auxiliar, y la inacción de la que se arrepentía fue no obtener la titulación de profesora a pesar de tener hijos en edad preescolar. Cuando se sentía triste y desanimada, el pensamiento de arrepentimiento de Emily estaba dominado por la autocrítica y la culpa por no haber perseguido su sueño de enseñar inglés en el instituto. Al igual que Emily, es posible que usted tenga sueños incumplidos que le causen arrepentimiento. Sus respuestas a la hoja de trabajo «Esferas del arrepentimiento» proporcionan la base para comprender las experiencias vitales que desencadenan sus pensamientos repetitivos de arrepentimiento.

Otra forma de evaluar el pensamiento de arrepentimiento consiste en determinar si su experiencia cumple los criterios del PNR. Muchos de los ítems del siguiente ejercicio hacen referencia a los factores que contribuyen al arrepentimiento (véase figura 5.1).

Ejercicio: La lista de verificación de los arrepentimientos

Las siguientes afirmaciones se refieren a varias formas de experimentar el pensamiento de arrepentimiento. Sobre la base de las experiencias de arrepentimiento que escribió en el ejercicio anterior, rodee con un círculo la calificación que indica en qué medida la afirmación describe su experiencia de arrepentimiento utilizando una escala de cinco puntos:

-2 = muy en desacuerdo

-1 = en desacuerdo

0 = ni de acuerdo ni en desacuerdo (neutral)

+1 = de acuerdo

+2 = muy de acuerdo

Afirmación de arrepentimiento	Puntuación				
1. A menudo me arrepiento de acciones y decisiones pasadas.	-2	-1	0	+1	+2
2. A menudo pienso en cómo podría haber tomado mejores decisiones o una mejor línea de actuación.	-2	-1	0	+1	+2
3. A menudo desearía poder volver a vivir partes de mi vida.	-2	-1	0	+1	+2
4. A menudo pienso en acciones y errores pasados.	-2	-1	0	+1	+2
5. A menudo fantaseo con lo que pudo haber sido.	-2	-1	0	+1	+2
6. Con frecuencia pienso: «Si tan siquiera...».	-2	-1	0	+1	+2
7. Me culpo por las malas decisiones que tomé en el pasado.	-2	-1	0	+1	+2
8. A menudo me invade la duda después de tomar una decisión importante.	-2	-1	0	+1	+2
9. Cuando estoy arrepentido, me cuesta entender por qué tomé una decisión tan mala en el pasado.	-2	-1	0	+1	+2
10. A menudo pienso en lo mucho mejor que podría haber sido mi vida si hubiera tomado mejores decisiones.	-2	-1	0	+1	+2
11. A menudo pienso en hacer cambios que reduzcan los efectos negativos de una mala decisión en el pasado.	-2	-1	0	+1	+2
12. Cada vez que pienso en lo que podría haber sido, siempre parece mucho mejor que las circunstancias actuales de mi vida.	-2	-1	0	+1	+2

La construcción de los ítems y las opciones de respuesta se basan en las escalas de arrepentimiento y pensamientos repetitivos desarrolladas por N. J. Roese, K. Epstude, F. Fessel, M. Morrison, R. Smallman, A. Summerville y S. C. Segerstrom, «Repetitive Regret, Depression, and Anxiety: Findings from a Nationally Representative Sample», *art. cit.*

No hay puntuaciones de corte establecidas porque esta lista de verificación se ha desarrollado para este cuaderno de trabajo. Si la suma de los valores que ha rodeado con un círculo da como resultado un valor negativo o cero, es poco probable que experimente un pensamiento de arrepentimiento persistente y repetitivo. Cuanto mayor sea su puntuación en el rango positivo, mayor será la probabilidad de que tenga un arrepentimiento significativo que, en ocasiones, es intenso, repetitivo y angustioso.

Probar la estrategia de las opciones

Hemos visto que el arrepentimiento es más intenso cuando nos centramos en nuestros fracasos pasados de inacción, cuando creemos que existe una alternativa más deseable, y cuando pensamos que todavía tenemos la oportunidad de adoptar medidas correctivas para lograr la alternativa. Sin embargo, esta forma de pensar puede crear una falsa esperanza que nos mantiene atrapados en el arrepentimiento. Es importante evaluar si esta mejor alternativa es todavía factible o si hay otras opciones disponibles que podrían disminuir su pensamiento de arrepentimiento. Emplearemos una estrategia de resolución de problemas llamada «contraste mental» para evaluar si la alternativa deseada en la que ha estado pensando es inútil o no[12].

Ejercicio: Examinar mis opciones

Este ejercicio proporciona un método paso a paso para reexaminar su arrepentimiento por la inacción. Es importante dedicar tiempo a trabajar en cada paso en el orden en que se presentan. Los pasos pretenden llevarle a aceptar que es hora de abandonar la elección deseada que no hizo en el pasado y a considerar una línea de actuación alternativa que sea factible en el momento actual.

Paso 1. La alternativa deseada

Seleccione el arrepentimiento más frecuente y angustioso que enumeró en el ejercicio «Esferas del arrepentimiento». Revise lo que escribió en la tercera columna –la decisión deseada o la inacción de la que se arrepiente y que debería haber tomado–. Responda a las siguientes preguntas para reflexionar de una manera más profunda sobre lo que hace que esta decisión o acción alternativa sea más deseable para usted que lo que realmente sucedió.

1. ¿Qué hace que esta decisión deseada o que esta inacción de la que se arrepiente sean una alternativa mucho mejor que la elección que hizo?

____

____

12. N. R. Krott y G. Oettingen, «Mental Contrasting of Counterfactual Fantasies Attenuates Disappointment, Regret, and Resentment»: *Motivation and Emotion* 42 (2018), 17–36.

2. ¿Cómo sería su vida actual si hubiera tomado la decisión alternativa o si hubiera actuado de manera diferente?

3. ¿Qué tendría que haber hecho de forma diferente para haber tomado esta decisión o actuado de esta manera?

4. Señale si tiene una expectativa alta o baja de que habría logrado el resultado deseado con éxito.

   EXPECTATIVA ALTA EXPECTATIVA BAJA

Paso 2. Obstáculos actuales

Piense en la alternativa deseada como un objetivo que todavía podría perseguir hoy. ¿Cuáles son los obstáculos que le impedirían perseguir la alternativa deseada en la actualidad? Sea específico acerca de los obstáculos que interferirían en la realización de su resultado deseado. Proporcione tantos detalles como pueda sobre los obstáculos previstos. Use una hoja en blanco si necesita más espacio para anotar obstáculos adicionales.

1.
2.
3.
4.
5.

Paso 3. Evaluar y considerar un resultado alternativo

A la luz de los obstáculos enumerados en el paso 2, ¿sigue siendo factible asumir que hay tiempo para perseguir el resultado deseado o la inacción de la que nos arrepentimos? En caso negativo, escriba por qué sería mejor abandonar este resultado deseado. ¿Cuáles son las ventajas de dejar ir la decisión alternativa deseada o la inacción del pasado de la que nos arrepentimos?

A continuación, considere un objetivo alternativo que podría no producir el resultado más deseado, pero que supondría una mejora con respecto a la situación actual. La alternativa debería evitar o superar la mayoría de los obstáculos enumerados en el paso 2. Debería ser un objetivo significativo desde el punto de vista personal que fomente un alto compromiso y expectativas de éxito. Exponga el objetivo alternativo de manera concreta y, a continuación, enumere los pasos que dará para alcanzarlo.

Mi objetivo alternativo (resultado): ____________________

Lo que necesito hacer para alcanzar el resultado alternativo:

1. ____________________
2. ____________________
3. ____________________
4. ____________________
5. ____________________

¿Ha podido completar los tres pasos de este ejercicio? Cuando experimentamos un arrepentimiento repetitivo o autoculpable, las personas tratan su elección abandonada o la inacción del pasado de la que se arrepiente como algo que todavía pueden corregir. El hecho de enumerar los obstáculos que se oponen a la acción correctiva en el paso 2 y de considerar un enfoque diferente para su situación actual no deseada en el paso 3 le ayudará a cambiar su enfoque de «lo que debería haber hecho» a «lo que puedo hacer ahora para mejorar mi situación». Si tiene dificultades para completar estos pasos, considere la posibilidad de pedir ayuda a su terapeuta o a alguien cercano.

Emily tenía varios arrepentimientos, por lo que tendría que completar el ejercicio «Examinar mis opciones» para cada uno de ellos. A modo de ejemplo, tomemos su arrepentimiento por haber dejado los estudios universitarios de Inglés en el segundo año. En la tercera columna del ejercicio anterior, escribió: «Me gustaría volver, terminar mis estudios universitarios de Inglés, obtener mi certificado de enseñanza y enseñar inglés en la escuela secundaria». Para entender por qué esta línea de actuación alternativa era tan deseable, Emily podría responder a las preguntas del paso 1:

1. *Aspectos positivos.* «Completar mis estudios habría eliminado la vergüenza que siento por haber dejado la universidad, aumentaría la confianza en mí misma, y un trabajo de profesora me proporcionaría los ingresos adicionales que tanto necesito».
2. *Mejor vida actual.* «Me sentiría más independiente, valorada, y estaría menos atrapada en casa; dejaría de ser alguien que no desarrolla su potencial».
3. *Un pasado diferente.* «Necesitaba darme cuenta de que los logros y el éxito profesional eran mucho más importantes para mi autoestima y mi satisfacción con la vida. También necesitaba ser más asertiva con mi marido sobre mis necesidades y mis ambiciones».
4. *Expectativa.* «Creo que podría haber acabado mis estudios y tener hijos y, además, tener un trabajo a tiempo completo como profesora».

En el paso 2 del ejercicio, existen varios obstáculos que Emily podría enumerar sobre el hecho de volver a la universidad y obtener un certificado de enseñanza.

1. «La vida sería extremadamente estresante y caótica si fuera a la facultad teniendo en cuenta todas las responsabilidades que tengo en casa».
2. «Mi tiempo no es flexible, así que ¿cómo podría asistir a las clases que no encajan con mi horario?».
3. «Las tasas universitarias son altas, y vamos justos de dinero».
4. «Aunque terminara, hay pocas vacantes de profesor en mi comunidad, y no tengo libertad para trasladarme a donde haya más oportunidades de trabajo».
5. «Ahora soy mayor y no tengo experiencia en la enseñanza. ¿Cómo puedo competir con gente más joven para estos trabajos?».

Cuando Emily examinó los obstáculos en el paso 2, se dio cuenta de que tenía que abandonar su deseo de enseñar en la escuela secundaria. En el paso 3, se le ocurrió una opción alternativa que era mucho más factible. Era:

> «Todavía puedo completar mis estudios de inglés haciendo cursos en línea y cambiándome a una universidad especializada en educación avanzada para trabajadores. Una vez que haya completado mis estudios, exploraré la posibilidad de seguir estudiando Recursos Humanos. Me encanta interactuar con la gente, y siempre he sentido que puedo tener un don para los negocios. Estoy siendo poco realista al pensar que la enseñanza en la escuela secundaria es el único trabajo que puede darme un sentido y proporcionarme satisfacción».

¿Se aferra usted, como le sucede a Emily, a una opción alternativa o a una inacción de la que se arrepiente y que ya no es factible? Al abandonar esta alternativa y trabajar en una opción más realista, está dejando ir «lo que [yo] debería haber hecho». Dejar ir el «debería» es una parte importante de la liberación del arrepentimiento. En cambio, centrarse en «lo que puedo hacer ahora» le proporcionará la sensación de que está avanzando en su vida en lugar de quedarse atascado en el pasado con pensamientos repetitivos de culpa y arrepentimiento.

La estrategia de reducción de la discrepancia

Con el paso del tiempo, olvidamos por qué tomamos una decisión de la que ahora nos arrepentimos. Antes lo llamábamos «déficit de explicación», y es una de las razones del pensamiento de arrepentimiento repetitivo (véase la figura 5.1). Ninguno de nosotros tiene una memoria perfectamente precisa. Y el tiempo solo hace que nuestra memoria sea más sesgada e inexacta. Si a esto le añadimos la intensa autoculpabilidad del arrepentimiento, es fácil ver por qué las razones de una mala decisión ya no están claras. Nos juzgamos con dureza porque vemos la decisión desde lo que sabemos ahora y no desde lo que sabíamos en el pasado (es el sesgo retrospectivo). Incluso podemos llegar al punto de quedar totalmente desconcertados por cómo pudimos tomar una decisión tan mala. En nuestro arrepentimiento, podríamos pensar una y otra vez: «¿Cómo pude ser tan estúpido?». Este déficit de explicación es una razón importante por la que quedamos atrapados en el arrepentimiento. También proporciona una pista sobre cómo podemos superar el arrepentimiento.

Otro problema que contribuye al déficit de explicación es la discrepancia entre lo que sucedió y cómo nos gusta vernos a nosotros mismos. A todos nos gusta pensar que somos individuos concienzudos, inteligentes y responsables que toman buenas decisiones. Cuando tomamos una mala decisión, se crea una discrepancia con la forma en que nos gusta vernos a nosotros mismos. Si es capaz de justificar la mala decisión que tomó achacándola a factores ajenos a su control o a cosas que desconocía en ese momento, es probable que concluya: «Tomé la mejor decisión con la información de que disponía en ese momento». Lo que está haciendo es justificar su mala decisión o la inacción de la que se arrepiente. Esto reducirá la discrepancia entre haber tomado una mala decisión y la creencia de que usted es una persona responsable y competente que toma decisiones. A su vez, su justificación reducirá los sentimientos de arrepentimiento porque llegará a creer que hizo todo lo que pudo con lo que sabía en ese momento. Use el siguiente ejercicio para redescubrir si ha estado más justificada de lo que pensaba la toma de una decisión de la que se arrepiente.

Ejercicio: Reevaluar su toma de decisiones

Parte A. Narrativa del arrepentimiento

Seleccione, de entre las decisiones que enumeró en la hoja de trabajo «Esferas del arrepentimiento», aquella de la que más se arrepienta. Programe dos o tres sesiones de recuerdo de treinta minutos en las que intente recordar de la manera más vívida posible el momento en que tomó la decisión o la acción de que la se arrepiente. Es importante imaginar esta experiencia pasada con el mayor detalle posible. Sus respuestas a las siguientes preguntas le ayudarán a reconstruir su memoria de la experiencia de la que se arrepiente.

- ¿Dónde estaba, qué estaba haciendo y con quién estaba cuando tomó la decisión de la que se arrepiente?

  ____

  ____

- ¿Hubo algo que destacara en la situación o las circunstancias en el momento de ejecutar la acción o la decisión de la que se arrepiente?

  ____

  ____

- ¿Habló con alguien de lo que pensaba hacer? ¿Qué consejos le dio?

- ¿Era plenamente consciente de todas las opciones que tenía a su disposición en ese momento? ¿Cuáles eran?

- ¿Cómo se sentía en ese momento? ¿Influyó su estado emocional en la toma de decisiones?

- ¿Hubo otros factores externos que influyeron en su decisión? En caso afirmativo, ¿cuáles fueron?

- ¿Hubo algo más que influyera en su decisión o que limitara su libertad para elegir entre varias opciones?

- ¿Pensó en las ventajas y las desventajas de su decisión o su acción en ese momento? En caso afirmativo, enumere todas las que pueda recordar.

A continuación, escriba un breve párrafo que describa con la mayor precisión posible lo que recuerda sobre la toma de la decisión de la que se arrepiente basándose en sus respuestas a las preguntas anteriores. Anote en el espacio provisto su narrativa de arrepentimiento.

Parte B. Análisis de la justificación

Responda el siguiente conjunto de preguntas basándose en la narrativa del arrepentimiento.

1. ¿Tomó una decisión fundamentada o adoptó una línea de actuación basándose en la información de que disponía en ese momento, aunque ahora se arrepienta?	Sí	No
2. ¿Era consciente de que estaba tomando una mala decisión o realizando una mala acción de la que más tarde se arrepentiría?	Sí	No
3. ¿Eligió intencionadamente una opción peor porque era más fácil a corto plazo, sabiendo que más tarde causaría efectos no deseados?	Sí	No
4. ¿Se da cuenta ahora de que, en su momento, hubo otros factores que influyeron en usted o que limitaron su capacidad de elegir una mejor opción?	Sí	No
5. Aunque su decisión o su acción pasada provocara arrepentimiento, ¿fue coherente con sus valores personales y con las normas de vida en ese momento?	Sí	No
6. ¿Ha estado exagerando la importancia de la decisión o la acción pasada a causa del sentimiento de arrepentimiento?	Sí	No
7. ¿Sigue siendo una persona responsable y reflexiva a pesar de haber tomado esa decisión o de haber realizado esa acción de la que se arrepiente?	Sí	No
8. ¿Cree ahora que no fue el único responsable de la decisión o la acción de la que se arrepiente?	Sí	No
9. ¿Es evidente el sesgo retrospectivo, en el que piensa en la acción o la decisión de la que se arrepiente porque conoce ahora un futuro que no podía conocer en el pasado?	Sí	No
10. ¿Puede imaginarse a otras personas competentes realizando la misma acción o tomando la misma decisión que tomó usted basándose en lo que sabía en el pasado?	Sí	No

Si ha respondido las preguntas 2 y 3 con un «no» y el resto de preguntas con un «sí», se estará dando cuenta ahora de que estaba más justificado de lo que pensaba al tomar la decisión de la que se arrepiente. Escriba un breve párrafo sobre los motivos por los que cree ahora que «tomé la mejor decisión o emprendí la mejor acción basándome en lo que sabía en ese momento».

Las personas experimentan un pensamiento de arrepentimiento repetitivo cuando no logran entender por qué tomaron una mala decisión o no actuaron en el pasado. La incapacidad de justificar una decisión pasada no deseada es un factor importante que contribuye al pensamiento de arrepentimiento. Su trabajo en el último ejercicio le ha guiado hacia el redescubrimiento de las razones por las que tomó la decisión de la que se arrepiente o no hizo una mejor elección. Estas razones son la justificación del proceso de toma de decisiones que tomó en el pasado, dada la información de que disponía y las circunstancias del momento. ¿Es esta la conclusión a la que llegó en el ejercicio? ¿Ha llegado a una nueva comprensión, a una actitud más indulgente y compasiva para consigo mismo? De ser así, esta actitud más indulgente podría presentar la siguiente apariencia:

> «Por desgracia, tomé una mala decisión en el pasado, y perdí una buena oportunidad, pero ahora me doy cuenta de que lo hice lo mejor que pude en ese momento dadas las circunstancias y lo que sabía. Estoy siendo injusto conmigo mismo al juzgar mis acciones y decisiones pasadas *a posteriori*. Es hora de dejar atrás el pasado, de aceptar que no puede cambiarse y, en lugar de ello, de afrontar mis dificultades de una manera más constructiva».

Emily podría desarrollar una actitud más indulgente hacia el hecho de dejar la universidad al descubrir una nueva comprensión de la decisión. Podría recordar que, como estudiantes universitarios, su marido y ella tenían problemas económicos, que ella tenía dudas de que realizar los estudios de inglés fueran la elección correcta para ella, porque sus calificaciones estaban bajando por desinterés y porque siempre supo que volvería a estudiar en algún momento. De hecho, en aquel momento, su plan era dedicarle solo un par de semestres, pero tuvo la suerte de encontrar un trabajo fijo con un buen sueldo, de modo que el tiempo se le pasaba volando. Una reevaluación más profunda de las razones por las que dejó la universidad ayudaría a Emily a darse cuenta de que esa decisión estaba más que justificada. Muchas mujeres jóvenes tomaron decisiones similares y, al igual que Emily, probablemente descubrieron que el paso del tiempo y las circunstancias cambiantes de la vida las llevaron a su situación actual. Para Emily, había llegado el momento de ser más indulgente consigo misma y superar el arrepentimiento del pasado. Era hora de enfrentarse al presente y desarrollar un nuevo plan para promover su educación. Al igual que Emily, usted solo podrá superar el arrepentimiento cuando se dé cuenta de que hizo todo lo posible en el pasado, y de que ahora es el momento de dejar ir *lo que debería haber hecho*. El «debería» y el «podría» se han marchado para siempre. Es mejor centrarse en una línea de actuación alternativa, que potencie la emoción positiva y el bienestar, en vez de seguir sumido en el pensamiento de arrepentimiento repetitivo.

Resumen

En este capítulo hemos aprendido lo siguiente:

- El pensamiento de arrepentimiento repetitivo es un tipo de rumiación que implica la autoculpabilización repetida por lo que podría haber sido un resultado mejor. Está dominado por el pensamiento «debería» y «podría», que puede llevar al autodesprecio y contribuir a estados emocionales negativos, como la depresión, la ansiedad y la culpa.
- Existen siete procesos que aumentan el riesgo de ser víctimas del arrepentimiento repetitivo: (1) experimentar un resultado negativo significativo y duradero debido a una decisión pasada, (2) centrarse en la falta

de acción, (3) imaginar un escenario alternativo mejor al que realmente tuvo lugar, (4) creer que una mala decisión pasada aún puede corregirse, (5) ser incapaz de justificar la mala decisión, (6) creer que fuimos los únicos responsables y que teníamos el control al tomar la decisión, y (7) culparse uno mismo tras tomar la decisión.

- Las «Esferas del arrepentimiento» y la «Lista de verificación de los arrepentimientos» son dos herramientas de evaluación que pueden ayudarle a determinar si está experimentando un pensamiento de arrepentimiento repetitivo.
- Poner a prueba las propias opciones es una estrategia que se centra en corregir la percepción de que una oportunidad perdida a causa de haber realizado una mala elección o al hecho de haber elegido un mejor camino todavía puede realizarse hoy. Es mejor reorientar sus esfuerzos y trabajar en una alternativa diferente y más realista que se centre en lo que se puede hacer para mejorar la situación actual.
- Reevaluar la toma de decisiones pasada es una estrategia que le ayuda a redescubrir las razones de la acción o la inacción del pasado de la que se arrepiente. Para superar el arrepentimiento, es fundamental ser capaz de justificar por qué tomó una mala decisión en el pasado. Es un enfoque eficaz para contrarrestar el sesgo retrospectivo, que únicamente intensifica la autoculpabilización y el pensamiento de arrepentimiento.

¿Y ahora qué?

Quedarse atrapado en el arrepentimiento es una forma autodestructiva de PNR porque el pasado no se puede cambiar. La reevaluación de sus opciones actuales y de la toma de decisiones pasada le llevará a aceptar el pasado («lo que pasó, pasó») y le ayudará a vivir el momento. Será más indulgente y compasivo consigo mismo a pesar de sus malas decisiones y de la inacción del pasado, y podrá adoptar un enfoque más orientado a los problemas de la situación actual. Sin embargo, el arrepentimiento persistente no es la única emoción negativa ligada al pasado. Como veremos en los dos próximos capítulos, las experiencias pasadas pueden producir también otras dos emociones negativas: la vergüenza y la humillación.

Enfréntese a la vergüenza

6

A buen seguro habrá oído decir a menudo: «Debes creer en ti mismo». Lo cierto es que no podemos subestimar la importancia de esta frase. La creencia en la propia valía y el propio valor personal constituye la base de la felicidad y el bienestar. Un sentido saludable de la autoestima está asociado con el éxito, con las relaciones satisfactorias y las emociones positivas. Si usted duda de su valor personal, tendrá una menor satisfacción con la vida que lleva, más emociones negativas y un mayor riesgo de sufrir problemas de salud mental.

Este capítulo se centra en el pensamiento negativo repetitivo asociado con la vergüenza. La vergüenza es una emoción con una base social que puede tener un impacto devastador en la autoestima. Empezaremos considerando uno de los ingredientes fundamentales en el PNR de vergüenza: la importancia que atribuimos a lo que las personas piensan de nosotros. Presentaremos el caso de Joan, que luchaba con la vergüenza cada vez que pensaba en la infidelidad de su marido. A continuación proporcionaremos herramientas de evaluación que el lector podrá usar para determinar si ha tenido pensamientos repetidos de vergüenza sobre una interacción social pasada. En la segunda parte del capítulo presentaremos dos estrategias que debilitan el control de los pensamientos dolorosos de vergüenza.

Mirando al otro

La forma en que pensamos en nuestro valor personal se aprende a través de toda una vida de experiencias sociales. Lo que los demás piensan de nosotros es la forma más importante de determinar nuestra autoestima. Esa es la razón por la que a la mayoría de nosotros nos preocupa sobremanera lo que la gente piense de nosotros. Buscamos pruebas de que somos queridos, aceptados y valorados por las personas que más influyen en nuestras vidas. Este tipo de *feedback* positivo refuerza las creencias en nuestra autoestima. Sin embargo, las críticas, el rechazo y la desaprobación amenazan nuestra creencia en nuestro propio valor personal. Cuando esto sucede, se desencadenan pensamientos negativos repetitivos de baja autoestima y autocrítica, junto con una oleada de sentimientos negativos.

Las interacciones negativas con los demás pueden hacer que nos sintamos ansiosos y temerosos acerca de lo que los demás piensen de nosotros. ¿Se encuentra usted ansioso en situaciones sociales, preocupado por la impresión que da a los demás? ¿Piensa repetidamente: «Me pregunto qué pensarán de mí. No sé si les gusto. No sé si estoy dando una buena impresión»? Si estas preguntas aparecen a menudo en su mente, es posible que la baja autoestima le haga esperar juicios negativos y desaprobatorios cada vez que se encuentre con alguien.

Por desgracia, nuestra sociedad puede ser bastante hostil e implacable. El poder y la dominación están muy extendidos, lo que aumenta la probabilidad de sufrir experiencias sociales angustiosas. En todos los entornos sociales nos damos cuenta al instante de que existe un «orden jerárquico», que viene determinado por el grado de control, poder, reconocimiento e influencia que ejercemos sobre los demás. Las personas que están más arriba en el orden jerárquico tienen más poder y prestigio, mientras que las que están abajo se muestran más sumisas, impotentes y están aisladas. Naturalmente, es mejor estar en la cima, así que nos esforzamos por mejorar nuestro estatus y evitar cualquier cosa que amenace nuestra aprobación y aceptación por parte de los demás. Esto se debe a que un mayor estatus social aumenta los pensamientos de autoestima, mientras que una reducción en el estatus social hace que pensemos menos en nosotros mismos.

Uno de los indicadores más importantes del estatus es el grado de atención que recibimos de los demás[1]. Piense en la última vez que le ignoraron en una reunión o en un encuentro social. ¿Cómo se sintió? La mayoría de las personas consideran que el hecho de ser ignorado resulta muy angustioso. Hace que se cuestionen su valor, que tengan pensamientos negativos repetitivos como: «Tengo tan poco valor para estas personas que ni tan siquiera reconocen mi presencia». Cuando nos ignoran, nuestro estatus social se convierte en el blanco de un ataque. En función de la importancia de la situación, podemos acabar rumiando lo ocurrido y lo que eso significa para nuestra autoestima. Ahora bien, ser ignorado no es la única experiencia social negativa que reduce nuestro atractivo social y amenaza nuestra autoestima. La vergüenza es una experiencia social más extrema que puede dañar nuestra posición social y destruir la autoestima, el respeto y la dignidad.

Vergüenza: Una emoción «indigna»

La vergüenza y la emoción relacionada con ella, la humillación, pertenecen a un grupo de emociones denominadas *emociones autoconscientes*. Estas emociones se dan en situaciones sociales. Se ocupan de mantener sanas nuestras relaciones y de aumentar la atención positiva de los demás. La vergüenza es un *sentimiento de angustia intenso que incluye un fuerte autojuicio negativo («mal, estúpido de mí») provocado por una experiencia o una acción desfavorable (bochornosa) que amenaza con una pérdida de estatus social y de aceptación por parte de los demás. Existe una fuerte necesidad de esconderse, evitar o escapar de situaciones sociales relevantes*. A menudo se asocia a la emisión de un comentario insensible o «estúpido» delante de los demás (de una audiencia). Y, cuando esto sucede, nuestra mente puede llenarse de pensamientos negativos repetitivos sobre la experiencia de vergüenza.

La vergüenza y la humillación comparten muchas cualidades. Ambas implican (a) la pérdida de autoestima y estatus, (b) una sensación de impotencia,

1. P. GILBERT, «The Evolution of Social Attractiveness and Its Role in Shame, Humiliation, Guilt, and Therapy»: *British Journal of Medical Psychology* 70 (2) (1997), 113–147.

(c) sentimientos de inferioridad, y (d) una sensación de ser tratado injustamente en presencia de otras personas[2]. Sin embargo, en otros aspectos son diferentes. En el caso de la vergüenza, las personas se culpan a sí mismas por una situación embarazosa, por lo que terminan con una autoevaluación negativa. En el caso de la humillación, la gente cree que otra persona es totalmente responsable de su degradación, por lo que el resultado final es una mayor sensación de impotencia. La vergüenza puede conducir a la depresión, a la culpa e incluso a impulsos suicidas, mientras que la humillación tiene como resultado más probable la ira y el deseo de venganza[3]. El próximo capítulo se centra en la humillación. Pero antes, consideremos el siguiente ejemplo, que describe una de las fuentes más comunes de vergüenza: la infidelidad matrimonial.

La historia de Joan: Afrontar el *shock* de la traición

Joan estaba preocupada por su matrimonio. Llevaba veintidós años con Eugene. Los primeros diez años fueron fantásticos, pero con el nacimiento de sus hijas y las tensiones de la vida familiar, la relación se había vuelto tensa y se había quedado estancada. El ritmo de vida era frenético y la pareja se había distanciado. Eugene se había vuelto emocionalmente frío y distante, mientras que Joan se encontraba más impaciente y frustrada. Parecía que discutían por todo. Había poca intimidad en el matrimonio, y las citas nocturnas habían cesado hacía tiempo. Joan se dio cuenta de que cada vez era más crítica con Eugene, y se quejaba a menudo de que no asumía suficientes responsabilidades familiares. Por su parte, Eugene pasaba menos tiempo en casa, y culpaba al trabajo del hecho de llegar tarde al hogar y de los extraños fines de semana fuera de casa. Hacía meses que había dejado de tocarla, lo que hacía pensar a Joan que ya no la encontraba físicamente atractiva. La química sexual de la que antes disfrutaban se había desvanecido. Joan se preguntaba si su edad y su aumento de peso le molestaban a Eugene, que siempre se había preocupado por la apariencia física y la belleza. Ella sugirió que buscaran asesoramiento matrimonial, pero Eugene se negó.

Con el paso de los meses, Joan empezó a sospechar cada vez más de las ausencias de Eugene. Comenzó a vigilarlo en el trabajo. Descubrió que sus excusas no

2. M. Elshout, R. M. A. Neilissen e I. van Beest, «Conceptualising Humiliation»: *Cognition and Emotion* 31 (8) (2017), 1581–1594.

3. P. Gilbert, «The Evolution of Social Attractiveness and Its Role in Shame, Humiliation, Guilt, and Therapy», *art. cit.*

tenían sentido. Finalmente, revisó su teléfono y descubrió varios mensajes de texto íntimos dirigidos a su mejor amiga. Se enfrentó a Eugene, y este acabó admitiendo que había tenido una aventura de dos años con la mejor amiga de Joan. Esto supuso un *shock* devastador para Joan. Lo peor de todo era que la traición involucraba a su mejor amiga y a varias de sus amigas, que sabían de la infidelidad pero no le habían dicho nada. Junto con la tristeza y la sensación de pérdida llegó otra emoción que sorprendió a Joan. Experimentaba un profundo sentimiento de vergüenza y de bochorno. No podía dejar de pensar en que mucha gente se había enterado de la infidelidad de Eugene antes que ella. Siempre que estaba con otras personas, tenía pensamientos persistentes de que la gente pensaba que era débil, ingenua y estúpida. Incluso se preguntaba si podrían culparla por haber alejado a Eugene del matrimonio. Llegó a la conclusión de que ya no la respetaban y que ahora era objeto de compasión. Podía sentir el juicio de todas estas personas, y este pensamiento negativo persistente la llenaba de sentimientos de vergüenza. Al igual que Joan, millones de personas han sufrido la desgarradora vergüenza de la traición sufrida en la pareja.

Experiencias de bochorno y vergüenza

La vergüenza es el bochorno llevada al extremo. Así que comencemos con el bochorno para comprender la vergüenza. El bochorno se produce cuando violamos accidentalmente alguna norma o costumbre social y pensamos que nuestra reputación puede verse dañada. El bochorno tiende a ser repentino, inesperado, pero solo levemente angustiante. A menudo se desvanece rápidamente y puede ocurrir en circunstancias triviales, e incluso graciosas. Podemos empezar con los momentos de bochorno y preguntarnos si alguna de estas experiencias se ha convertido en vergüenza.

Sin duda, podemos pensar en un sinfín de formas en que nos hemos sentido abochornados. Algunos ejemplos son olvidar algo que tendríamos que haber sabido, exagerar cierta cuestión, no ser completamente sinceros, hacer un comentario estúpido o cometer un error, y cosas por el estilo. En cada ejemplo, hacemos algo que no es apropiado para el entorno social, y esta ofensa es percibida por los demás. Por consiguiente, el bochorno se produce, principalmente, cuando tenemos público.

¿Cuándo fue la última vez que usted se sintió verdaderamente abochornado? La mayoría de nosotros intentamos olvidar estas experiencias porque nos hacen sentir mal con nosotros mismos. Sin embargo, el bochorno es un buen punto de partida para trabajar en la vergüenza, porque nos obliga a considerar si alguna experiencia social negativa podría estar contribuyendo a nuestra angustia emocional. Puede emplear la siguiente hoja de trabajo para enumerar sus momentos más memorables de bochorno.

Ejercicio: Experiencias bochornosas

Piense en momentos en que se haya sentido abochornado. Esto puede deberse a algo que dijo, a cómo actuó o al hecho de haberse comportado de manera inapropiada en una determinada situación. Indique qué hizo y cómo reaccionó la gente a su alrededor. ¿Mostró su bochorno (por ejemplo, ruborizándose) o lo ocultó? ¿Trajo consigo el bochorno alguna consecuencia negativa?

1.	6.
2.	7.
3.	8.
4.	9.
5.	10.

Si tiene dificultades para recordar momentos de bochorno, intente pensar en lo que ocurrió en diferentes fases de su vida (el instituto, la universidad, las experiencias de noviazgo, el trabajo o las experiencias profesionales, las amistades, los viajes, el ocio, etc.). ¿Sucedió algo por lo que se sintiera abochornado? Si sigue teniendo problemas para recordar, pregunte a alguien que conozca desde hace tiempo si puede recordar si usted ha hecho algo bochornoso. Si logra enumerar varias experiencias bochornosas, dibuje un asterisco al lado de las que fueron más significativas.

Joan podía pensar en muchas ocasiones en las que se había sentido abochornada. Por ejemplo, recordaba haber hecho un comentario en una reunión de trabajo que los demás la criticaron por desinformada. Se ruborizó, su cuerpo se tensó y se le revolvió el estómago. Pensó: «He hecho el ridículo», pero el bochorno se desvaneció rápidamente porque estaba convencida de que tenía una buena reputación entre los compañeros de trabajo, a los que conocía desde hacía años. Sin embargo, sus emociones y sus pensamientos repetitivos sobre la infidelidad eran mucho más profundos y prolongados. Iban mucho más allá del bochorno, aunque en cualquier momento podía sentirse abochornada al encontrarse con alguien que estuviera al corriente de la aventura de Eugene.

La vergüenza es una emoción más intensa que implica una pérdida de estatus social, lo que hace que la persona se sienta inferior, rechazada y excluida[4]. Las personas que se sienten avergonzadas quieren correr y esconderse de los demás. Tienen pensamientos negativos repetitivos de autocrítica y perciben el rechazo de la audiencia, de modo que su autoestima recibe un golpe. Las personas avergonzadas siguen pensando: «Soy una mala persona», y se culpan a sí mismas por una violación social o por no cumplir las expectativas de los demás.

Muchas situaciones sociales pueden desencadenar la vergüenza. Un profesor llama estúpido a un estudiante de posgrado delante de sus compañeros de grado y de posgrado. Un marido critica el aumento de peso de su mujer durante una cena con amigos. Un nuevo empleado llega tarde a una reunión y el director le llama la atención. La solicitud de una gerente experimentada para un puesto ejecutivo es rechazada cuando todos contaban con que iba a obtener el ascenso. Para Joan, el sentimiento de vergüenza nunca desaparece, sino que más bien se intensifica cuando algo le recuerda que Eugene ha dado a conocer su infidelidad pero que, por alguna razón, ella ha permanecido ajena a ello durante muchos meses.

Muchas experiencias pueden causar vergüenza, desde las más ordinarias hasta los incidentes traumáticos más graves, como el abuso físico o sexual, los crímenes y la infidelidad. En todos los casos, nuestro pensamiento repetitivo se centra en que hemos hecho algo mal, en creer que hay un público que nos juzga, y en la creencia de que hemos perdido el estatus social y la autoestima. En ocasiones, sentimos vergüenza por una experiencia privada, especialmente cuando no dejamos

4. *Ibíd.*

de pensar en cómo empeoraría si los demás se enteraran de ello[5]. Además, podemos sentir vergüenza por sentimientos que juzgamos inaceptables; por ejemplo: «Me avergüenza sentir tanta ira y resentimiento hacia mi ex»[6]. ¿Le resulta familiar alguna de estas descripciones de la vergüenza? El siguiente ejercicio le ayudará a comenzar a determinar si la vergüenza es un factor en su angustia emocional.

Ejercicio: Experiencias de vergüenza

Piense en las diferentes etapas de su vida y en si ha pasado por momentos de vergüenza. Revise las experiencias bochornosas que marcó con un asterisco y considere si pueden calificarse como vergonzosas. Si alguna de estas experiencias cumple con las cinco características de la vergüenza que enumeramos a continuación, escríbalas en el espacio provisto.

1. La experiencia fue muy angustiosa.
2. Rompió una regla (norma) social o no cumplió con las expectativas.
3. Sintió una pérdida de valor, estatus y aceptación social.
4. Tuvo pensamientos de inutilidad, inferioridad o incompetencia debido a la experiencia.
5. Trató de esconderse o de evitar a los demás para ocultar su vergüenza.

1. ______________________________
2. ______________________________
3. ______________________________
4. ______________________________
5. ______________________________

Si ha experimentado un trauma o un daño importante, es posible que haya sentido vergüenza. Le recomendamos que incluya estas experiencias en su hoja de trabajo. Las experiencias de vergüenza son fáciles de recordar la mayoría de las veces. Por lo tanto, si no consigue recordar ninguna experiencia de vergüenza, es posible que la emoción de vergüenza no sea relevante para usted. Si ha enumerado varias experiencias, coloque un asterisco al lado de aquella en la que piense repetidamente. Esta es la experiencia de vergüenza que tendrá que emplear cuando lleguemos a la sección de las estrategias.

5. J. P. Tangney, R. S. Miller, L. Flicker y D. H. Barlow, «Are Shame, Guilt, and Embarrassment Distinct Emotions?»: *Journal of Personality and Social Psychology* 70 (6) (1996), 1256–1269.

6. R. L. Leahy, *Emotional Schema Therapy*, Guilford Press, Nueva York 2015.

El bochorno y la vergüenza son emociones angustiosas que surgen de experiencias sociales negativas en las que intervienen una audiencia o testigos. El bochorno es el sentimiento negativo más leve que superamos rápidamente. O bien lo olvidamos o bien somos capaces de reírnos de nosotros mismos cuando les contamos la experiencia a los demás. El bochorno rara vez se asocia al PNR.

La vergüenza es muy diferente. Es una emoción autoconsciente que se puede «reducir al máximo», provocando pensamientos negativos repetidos sobre la autoestima y el valor social. El PNR de vergüenza suele centrarse en temas de derrota, deflación e inferioridad con respecto a los demás. Esta forma de pensar puede persistir durante años, causando una importante angustia emocional.

Evaluar la vergüenza

¿No se caracterizaron algunas de sus experiencias de vergüenza por el PNR y la angustia persistente? El hecho es que no toda la vergüenza es insana. Si usted ha lidiado con la vergüenza, esta puede tener poco impacto en su vida. Pero podemos quedar atrapados en nuestra vergüenza, y la experiencia se convierte en un factor importante en nuestra angustia emocional. Cuando la vergüenza no es saludable, adquiere las características del PNR.

A continuación presentamos una lista de verificación de diferentes formas en que podemos responder a las experiencias de vergüenza. Al completar esta lista de verificación, sabrá si la vergüenza constituye un problema para usted. Calificará cómo hizo frente a la experiencia de vergüenza más significativa recogida en la hoja de trabajo anterior.

Ejercicio: La lista de verificación de la vergüenza

Revise su trabajo en el ejercicio «Experiencias de vergüenza» y seleccione aquella experiencia en la que piensa de forma repetida. Escriba esa experiencia en el espacio provisto. A continuación, haga una marca para indicar el grado en que cada afirmación describe (se aplica a) su respuesta a la experiencia de vergüenza cuando piensa en ella.

Experiencia de vergüenza angustiosa en la que más pienso: ______________________

____

Cuando pienso en lo que sucedió...	0 No se aplica	1 Se aplica un poco	2 Se aplica de forma moderada	3 Se aplica en gran medida	4 Se aplica por completo
1. Todavía me molesta.					
2. Me culpo a mí mismo.					
3. Me siento condenado por gente que sabe lo que pasó.					
4. Intento dejar de pensar en ello.					
5. Los pensamientos parecen venir de ninguna parte.					
6. Me siento culpable.					
7. Pienso en lo estúpido o lo débil que debo de ser o en los defectos que debo de tener.					
8. Pienso que mi reputación se ha arruinado.					
9. No puedo dejar de pensar en la experiencia aunque quiera.					
10. A menudo desearía haber actuado de otra manera.					
11. Pienso en la mala impresión que he causado a los demás.					

12. No puedo hablar de lo que sucedió.					
13. Parece horrible, prácticamente puedo revivir la toda la experiencia en mi mente.					
14. Me siento abochornado y avergonzado.					
15. Le doy vueltas a ello y a lo mucho que ha afectado a mi vida.					
16. Me preocupa que se haya debilitado la relación con mis amigos o mi familia.					

Si la mayoría de las puntuaciones oscilan entre 2 y 4, entonces es probable que esté experimentando un PNR de vergüenza. Cuanto más alta sea su puntuación, más probable es que el PNR de vergüenza esté contribuyendo a su angustia personal. Si las puntuaciones de las afirmaciones están en el rango de 0 a 1, es probable que haya normalizado la vergüenza. Si tiene dificultades con la «Lista de verificación de la vergüenza», su terapeuta o su *counselor* puede ayudarle a explorar si la vergüenza es relevante para su angustia emocional.

La respuesta no saludable de Joan

Si Joan experimentara PNR de vergüenza, estaría pensando en la traición casi continuamente y tendría dificultades para desplazar su atención a otra cosa. Los pensamientos sobre la traición serían altamente angustiosos, y podría rumiar por qué ocurrió. Tendría PNR de autoculpabilización y se acusaría a sí misma, convencida de que no fue una buena esposa y de que Eugene la engañó por eso. Podría insistir en todas sus cualidades negativas y llegar a creer que era una persona indigna e indeseable. Podría sentirse abochornada al recordar que otras personas supieron de su aventura antes siquiera que ella misma. Sus pensamientos se centrarían en lo ingenua e imperfecta que parece ante sus amigos. Podría verse a sí misma como una persona débil y patética, e incluso podría dudar de si sus amigos querrían relacionarse con ella. Evitaría cada vez más a los demás y se replegaría para reducir la sensación de vergüenza. ¿Le resulta familiar esta forma de pensar? Si sus respuestas a la «Lista de verificación de la vergüenza» coinciden con las de Joan, es posible que esté experimentando PNR de vergüenza.

La respuesta saludable de Joan

Al pensar en la traición, Joan responsabilizaría a Eugene por romper sus votos matrimoniales. Pensaría en la deshonestidad, el engaño y el egoísmo de él como las razones de la traición, en lugar de culparse a sí misma por ser una compañera deficiente. No permitiría que la traición se convirtiera en la medida de su valor. En lugar de ello, seguiría creyendo que es una mujer competente, compasiva y comprensiva que ha sido traicionada por el hombre en el que confiaba. Joan reafirmaría su dignidad y respeto con sus amigos y familiares al creer en su apoyo y comprensión. Trataría de obtener una perspectiva más amplia de la traición señalando que, por desgracia, la infidelidad se ha convertido en algo demasiado común en nuestra sociedad. Las mujeres fuertes, populares, resilientes y de éxito también se ven traicionadas por sus amantes. Por eso, en lugar de esconderse, aislarse y adoptar una postura de evitación, Joan optaría por enfrentarse a sus amigos y afrontar las numerosas decisiones que hay que tomar sobre el matrimonio. Debido a su importancia, Joan pensaría muy profundamente en la infidelidad, pero no permitiría que se convirtiera en la totalidad de su persona.

¿Ha descubierto usted que la vergüenza desempeña un papel más importante en su angustia emocional de lo que creía? ¿Ha enumerado varias experiencias de vergüenza o, como Joan, hay un acontecimiento vital importante en el que piense continuamente? ¿Se identificó más con la respuesta insana de Joan a la traición? Si ha llegado a la conclusión de que el PNR de vergüenza es un problema, hay buenas noticias. Puede emplear las dos siguientes estrategias de reducción de la vergüenza para reducir el impacto negativo del PNR de vergüenza en su vida.

Estrategia de reducción: Adoptar una perspectiva más saludable

El PNR desencadenado por las experiencias de vergüenza puede parecer preocupación, rumiación y arrepentimiento. Por eso es útil echar un segundo vistazo a otros tipos de PNR. ¿Se ha vuelto más sesgado con el tiempo su recuerdo de la experiencia de vergüenza? ¿Es posible que esté exagerando su impacto y lo mal que mira a los demás? ¿Se culpa a sí mismo por lo ocurrido? Al igual que la preocupación, la rumiación y el arrepentimiento, el hecho de recuperarnos tras la vergüenza depende de que pensemos de forma diferente sobre la experiencia. Emplee el siguiente ejercicio de cuatro pasos para cambiar su forma de pensar en su experiencia de vergüenza.

Ejercicio: Toma de perspectiva

Cada uno de los siguientes pasos se centra en un aspecto distinto del pensamiento de vergüenza. Complete todos los pasos en el orden presentado para sacar el máximo provecho de este ejercicio. En primer lugar, escriba su experiencia de vergüenza más angustiosa del ejercicio «Experiencias de vergüenza».

Experiencia de vergüenza angustiosa en la que más pienso: ____________________

____

____

____

____

Paso 1. Consecuencias

Dedique treinta minutos a pensar profundamente en las consecuencias a corto y largo plazo de la experiencia de vergüenza angustiosa. En la columna izquierda, enumere las pruebas específicas y reales de que la experiencia vergonzosa ha tenido un efecto negativo en su vida. A continuación, use la columna derecha para enumerar pruebas importantes de que su vida no se ha visto afectada por la experiencia de vergüenza. Para ayudarle con sus respuestas, imagine cómo evaluaría un amigo o familiar el impacto de la experiencia vergonzosa en su vida. Incluya en sus listas lo que ellos podrían pensar.

Pruebas de que mi vida se ha visto afectada por la experiencia de vergüenza	Pruebas de que mi vida no se ha visto afectada por la experiencia de vergüenza
1.	1.
2.	2.
3.	3.
4.	4.
5.	5.
6.	6.
7.	7.

¿Qué percibe en las dos listas? ¿Piensa demasiado en los efectos negativos de la experiencia de vergüenza? ¿Le sorprende que algunas partes importantes de su vida que no se hayan visto afectadas por la experiencia? ¿Le han hecho exagerar los PNR su impacto personal negativo?

Paso 2. Culpa

Cuando vivimos un acontecimiento social desafortunado, sentiremos vergüenza si nos culpamos a nosotros mismos, pero tendremos una sensación de culpa si culpamos a nuestro comportamiento[7]. ¿Siente vergüenza cuando debería estar sintiendo culpa? ¿Se debió la experiencia desafortunada a un defecto o a una deficiencia de su personalidad, o se debió a un error o a un malentendido propio de una situación y de su comportamiento? Responda a las siguientes preguntas para reflexionar más profundamente sobre si la culpa es suya o de su comportamiento.

7. J. P. Tangney y R. L. Dearing, *Emotions and Social Behavior*, Guilford Press, Nueva York 2002.

1. ¿Cuáles son las deficiencias o las debilidades en mi carácter que han causado la experiencia de vergüenza?

2. ¿Qué fue único de esta circunstancia que me llevó a actuar de una manera bochornosa o desfavorable?

¿Ve usted la diferencia entre (1) culparse a sí mismo y (2) culpar a su comportamiento? Imagínese que se siente avergonzado por haber hecho un comentario poco amable sobre un amigo cercano delante de los demás. Sentirá vergüenza si se culpa a sí mismo y piensa: «Ahí voy otra vez; soy tan poco amable, egoísta y judas». En cambio, si piensa: «¿De dónde ha salido este comentario tan grosero? Suelo ser más cuidadoso a la hora de hablar. Debo de haberme dejado llevar por la conversación». La culpa es más condenatoria cuando se centra en un defecto personal. El hecho de desplazar la culpa hacia una acción errónea y específica de la situación reducirá su intensidad.

Paso 3. Audiencia

Piense en quién estaba presente cuando experimentó la vergüenza. El PNR asociado a la vergüenza suele centrarse en imaginar que hemos perdido la aprobación, el respeto y el estatus social de personas valiosas. No podemos saber lo que piensan realmente las personas que presenciaron nuestra experiencia de vergüenza, así que tratamos de adivinarlo. La siguiente hoja de trabajo le pide que busque pruebas concretas y realistas de que ha perdido el respeto de los demás. Es importante mirar más allá de lo que imagina para ver lo que realmente ocurrió en el momento del incidente y después. En la segunda columna, enumere las pruebas de que sigue siendo respetado y valorado por algunas personas importantes en su vida.

Pruebas de que he perdido permanentemente el respeto de los demás debido a la experiencia de vergüenza	Pruebas de que sigo manteniendo permanentemente el respeto de los demás a pesar de la experiencia de vergüenza
1.	1.
2.	2.
3.	3.
4.	4.
5.	5.
6.	6.
7.	7.

¿Descubrió muchas pruebas, tras completar el paso 3, de que todavía es valorado y respetado por los demás? Cuando el pensamiento de vergüenza se vuelve repetitivo, parece tan obvio que hemos perdido el respeto de los demás que pensamos que la gente no puede ver en nosotros más allá del incidente vergonzoso. Es importante darse cuenta de que lo que uno piensa sobre la vergüenza no es necesariamente lo que piensan los demás. Para ellos, no constituye el momento decisivo, la totalidad de lo que uno es. Para ellos, ¡usted es mucho más que su vergüenza!

Paso 4. Visión alternativa

¿Está empezando a ver una forma diferente de pensar en su experiencia de vergüenza a partir del trabajo que ha hecho hasta ahora? ¿Ha descubierto formas importantes en las que su vida no se ha visto afectada por la experiencia de vergüenza? ¿Es posible que la vergüenza se deba a un error o a un mal juicio más que a un defecto personal? ¿Realmente ha perdido usted tanto atractivo social y tanto valor para los demás como cree? Imagine que su amigo más cercano sufriera en sus propias carnes la misma experiencia de vergüenza por la que ha pasado usted. Sobre la base de su trabajo con este ejercicio, ¿qué consejo le daría a su amigo sobre cómo debe pensar en su experiencia de vergüenza? ¿Cuál sería la expectativa más equilibrada y realista que debería adoptar su amigo? Escriba su consejo en el espacio provisto.

Consejo para mi amigo: ______________________________

____

____

____

Es probable que el consejo que le dio a su amigo incluyera razones por las que la experiencia de vergüenza no es tan mala como piensa su amigo. ¿Animó a su amigo a que dejara de culparse a sí mismo y a que, en lugar de ello, considerara la vergüenza como un acto bochornoso? ¿Le proporcionó evidencias de que la gente no ha perdido el respeto tanto como piensa su amigo? Aplíquese ahora este consejo a sí mismo. ¿No es esta visión alternativa una forma más realista y equilibrada de pensar en la experiencia de la vergüenza?

¿Le ha llevado su trabajo en este ejercicio a una forma de pensar más equilibrada y realista que ha reducido su sentimiento de vergüenza? En caso afirmativo, es importante que ponga en práctica esta nueva forma de pensar. Cada vez que piense en la experiencia pasada y sienta vergüenza, desplace su mente al punto de vista alternativo y piense en ello profundamente. Piense en el consejo que le daría a su amigo y en cómo se aplica a usted. Considere todas las formas en que su vida no está definida por la experiencia de vergüenza. Reconozca que no tiene toda la culpa de lo ocurrido, que todo el mundo tiene que aprender a vivir con el bochorno. Revise las pruebas que ha enumerado y que demuestran que otras personas aún le siguen respetando a pesar de lo sucedido. Cuando caiga en el PNR de vergüenza, sustitúyalo por la visión alternativa. Cuanto más practique esto, más creerá en la visión alternativa. Cuando esto ocurra, descubrirá que el cambio de perspectiva puede tener un impacto drástico en la vergüenza.

Si ha tenido ciertas dificultades para hacer este ejercicio, considere el punto de vista alternativo que Joan podría desarrollar sobre la traición. Empezando por el paso 1, Joan podría pensar en las mujeres que conocía y que habían pasado por una experiencia similar, y en cómo sus vidas volvieron finalmente a la normalidad. A partir de su lista de consecuencias, Joan se daría cuenta de que el impacto negativo de la traición fue más intenso a corto plazo. La traición creó algunos problemas en la familia y en la relación que podían durar años. Pero también había áreas importantes de su vida que no se vieron afectadas por la infidelidad, como la posibilidad de un ascenso profesional, el amor y el apoyo de sus padres y hermanos, su relación cercana con sus hijos, y los amigos que la apoyaron durante este difícil momento. También contaba con una buena salud, estabilidad financiera, su comunidad de fe y la oportunidad continua de participar en actividades de ocio y tiempo libre. Cuando Joan pensaba en los efectos de la traición, recordaba todas las formas en que su vida diaria continuaba como si nada hubiera cambiado.

Su trabajo en el paso 2 la llevaría a darse cuenta de que no era ella la que había cambiado. Más bien era Eugene y su deshonestidad, su egoísmo y su irresponsabilidad lo que amenazaba su matrimonio. Gracias a su trabajo en el paso 3, Joan pudo enumerar todas las pruebas de que los demás seguían considerándola una persona inteligente, ingeniosa y fuerte. Con el paso del tiempo, la gente dejó de preguntarle cómo le iba y parecieron olvidar la traición de Eugene. Joan pudo comprobar que las relaciones extramatrimoniales son tan comunes que sus amigos y compañeros de trabajo eran mucho menos críticos de lo que ella esperaba. Todo esto llevó a Joan a una perspectiva diferente sobre la traición de Eugene en el paso 4. Su consejo a una amiga (y, en última instancia, a sí misma) fue:

> «Fue Eugene quien nos abandonó a nuestros hijos y a mí. Muchas parejas tienen problemas matrimoniales en los que el marido no opta por la infidelidad. Esa fue la elección de Eugene, y ahora debe responsabilizarse de su decisión. Su traición ha sacudido mi vida y ha causado mucho daño, pero no permitiré que se convierta en un momento decisivo para mí. Hay muchas áreas de mi vida que siguen sin verse afectadas por la traición. Mi trabajo, por ejemplo, no ha cambiado por el hecho de que me hayan traicionado. La gente culpará a Eugene porque fue él quien me engañó. No soy tan diferente de la mujer con la que se casó. Nuestras circunstancias son estresantes, pero no son tan inusuales para nuestro grupo de edad. Hay muchas pruebas de que mis amigos, mi familia y mis compañeros de trabajo siguen viéndome como una per-

sona fuerte e ingeniosa, quizá incluso más después de la traición. Es Eugene, y no yo, quien merece la vergüenza. Me niego a seguir cargando con su vergüenza. En lugar de ello, viviré mi vida diaria con fuerza y determinación».

Estrategia de reducción: Sacudir la vergüenza

La vergüenza se ve reforzada o debilitada por nuestras acciones. Existe una fuerte conexión entre los pensamientos, los sentimientos y el comportamiento. Durante miles de años, los actores han sabido que pueden crear un sentimiento por su forma de actuar. Y los psicólogos llevan reconociendo desde hace mucho tiempo que cada emoción se caracteriza por un determinado patrón de comportamiento. La vergüenza se asocia, por lo general, con el impulso de esconderse de los demás[8].

Poco después de descubrir la infidelidad de Eugene, Joan se alejó de sus amigos cercanos. Evitaba la mayoría de las actividades sociales y cualquier charla con sus compañeros de trabajo. La vergüenza cambió incluso su comportamiento. Cuando se veía obligada a interactuar con otras personas, era más callada, menos espontánea, evitaba el contacto visual y se irritaba con facilidad. La vergüenza de la infidelidad había cambiado a Joan, pero no a mejor. El deseo de evitar el sentimiento de vergüenza dominaba ahora su vida cotidiana. ¿Se ha vuelto usted, como Joan, más replegado y aislado a causa de la vergüenza?

Al igual que la evitación y la pasividad pueden aumentar los sentimientos de vergüenza, hay otras formas de comportarse que pueden reducir los pensamientos repetitivos y los sentimientos de vergüenza. Si usted se comporta de un modo que no es coherente con su emoción actual, puede influir en cómo se siente. Por ejemplo, el hecho de animar a las personas que están deprimidas a realizar actividades que impliquen algún tipo de disfrute o sensación de logro puede ayudar a aliviar la depresión. La siguiente serie de ejercicios se centran en descubrir qué comportamientos podría cambiar usted para así reducir la vergüenza. Comencemos por detectar los comportamientos específicos que podrían estar contribuyendo al PNR de vergüenza.

---

8. R. L. LEAHY, *Emotional Schema Therapy, op. cit.*

Ejercicio: El perfil de comportamiento de la vergüenza

A continuación encontrará una lista de formas típicas en que las personas responden cuando sienten vergüenza. Algunas de estas respuestas son intentos de hacer frente a la vergüenza, y otras tienen que ver con la forma en que las personas la expresan. Marque las respuestas que más se relacionan con sus experiencias significativas de vergüenza.

☐ Evitar a las personas que estuvieron presentes o conocen la experiencia de vergüenza.	☐ Sentirme tenso, inquieto, nervioso.
☐ Evitar los lugares que me recuerdan la experiencia de vergüenza.	☐ Sentirme irritado o iracundo.
☐ Negarme a hablar de la experiencia.	☐ Distraerme o centrarme en mis sentimientos.
☐ Estar más aislado socialmente y replegarme.	☐ Esforzarme por ocultar mi vergüenza.
☐ Evitar el contacto visual directo con las personas.	☐ Paralizarme en ocasiones cuando estoy cerca de personas que conocen la experiencia.
☐ Adoptar la postura de vergüenza en presencia de otras personas, caracterizada por mantener la mirada hacia abajo, los hombros caídos y redondeados, y los músculos flácidos.	☐ Ruborizarme fácilmente cuando estoy cerca de personas que conocen la experiencia.
☐ Hablar en voz baja y con pausas más largas.	☐ Sentirme «pequeño» cerca de otras personas.

¿Ha marcado al menos dos o tres respuestas que suelen producirse por vergüenza? Posiblemente algunas de ellas sean reacciones físicas automáticas, como ruborizarse o adoptar la postura de vergüenza en presencia de otras personas. Otras pueden ser comportamientos más intencionados, como evitar a la gente o negarse a hablar de la experiencia de vergüenza. Si no está seguro de sus reacciones de vergüenza, lleve un diario de la vergüenza para anotar sus reacciones. Esto le ayudará a identificar su perfil de comportamiento de la vergüenza.

A Joan le parecían más relevantes los ítems relacionados con la evitación. Evitaba a las personas y los lugares que le recordaban la aventura de Eugene porque la vergüenza era más intensa en esas situaciones. Pero la vergüenza también cambió su forma de interactuar con la gente. Se mostraba tensa, cortante y distraída en sus conversaciones. Adoptaba una actitud más pasiva y distante con la gente. A través de su comportamiento, Joan estaba dando un fuerte mensaje: «Dejadme en paz para que me ahogue en mi miseria». En realidad, Joan estaba tratando de evitar el sentimiento de vergüenza, que es una de las emociones negativas más perturbadoras.

La motivación es un ingrediente importante cuando tratamos de cambiar el comportamiento. Usted tendrá que estar convencido de que sus actuales reacciones de vergüenza son un problema. En la mayoría de los casos, esto implica tratar de esconderse u ocultarse de los demás de modo que no puedan ver su vergüenza. El siguiente ejercicio examina los costes personales de esta evitación relacionada con la vergüenza y si es el momento de hacer un cambio.

Ejercicio: Hacer un inventario de los costes

Lleve un diario de la vergüenza durante el tiempo necesario para recopilar varios casos de sentimiento de vergüenza. Escriba en su diario cómo la vergüenza y su respuesta a ella están teniendo un efecto negativo en su vida diaria, en su forma de desenvolverse y en cómo piensa y siente sobre sí mismo y sobre los demás. A continuación, enumere en su diario los daños inmediatos y a largo plazo causados por sus reacciones de vergüenza. Use una hoja en blanco si necesita más espacio.

Costes personales inmediatos de mis reacciones de vergüenza:

1. ______________________________
2. ______________________________
3. ______________________________
4. ______________________________
5. ______________________________

Costes personales a largo plazo de mis reacciones de vergüenza:

1. ______________________________

2. ______________________________

3. ______________________________

4. ______________________________

5. ______________________________

¿Ha enumerado varios costes importantes asociados a sus reacciones de vergüenza? Si tiene dificultades con este ejercicio, pregúntele a alguien que lo conozca bien cómo cree que ha cambiado usted como consecuencia de la vergüenza. Si está viendo a un terapeuta, esta pregunta podría explorarse en una sesión de terapia. Tanto si completa este ejercicio por su cuenta como si lo hace con ayuda, es importante que aprecie realmente la importancia de cambiar su enfoque de la vergüenza.

Joan podría enumerar varios efectos negativos de sus respuestas de vergüenza. Estaba perdiendo amigos porque seguía declinando sus invitaciones. Pasaba mucho tiempo sola, rumiando la traición de Eugene. Esto hacía que se sintiera más deprimida. Sus compañeros de trabajo habían dejado de charlar porque ella transmitía el mensaje de que quería que la dejaran en paz. Estaba muy irritada y de mal genio con sus hijos, y dejaba de lado las responsabilidades domésticas. Estaba claro que tenía que cambiar su enfoque del asunto antes de que este ensombreciera por completo su vida.

Si usted está convencido de que necesita cambiar la forma de afrontar sus pensamientos y sentimientos de vergüenza, el siguiente ejercicio le guiará en este proceso. En el nivel más básico, se trata de actuar como si no tuviera vergüenza, aunque se sienta así por dentro.

Ejercicio: La manera no vergonzosa

Revise las respuestas que marcó en «El perfil de comportamiento de la vergüenza». Cada uno de estos elementos representa una reacción de vergüenza poco saludable. Considere cómo podría usted cambiar esa reacción para comportarse de una manera más saludable. La siguiente lista ofrece algunas ideas sobre cómo podría reaccionar de manera diferente a cada uno de los ítems de «El perfil de comportamiento de la vergüenza».

☐ Exponerse a las personas que estuvieron presentes o conocen la experiencia de vergüenza.	☐ Tensar y relajar músculos específicos, y controlar la respiración cuando comienzo a sentirme tenso.
☐ Ir a los lugares que me recuerdan la experiencia de vergüenza.	☐ Escuchar y ser paciente al conversar con los demás.
☐ Hablar de la experiencia con personas de confianza –familia, amigos cercanos, terapeuta–.	☐ Devolver mi atención suavemente a un enfoque externo.
☐ Forzarme a asumir un compromiso social.	☐ Ser más auténtico y resistir los esfuerzos por ocultar la vergüenza.
☐ Mirar a las personas a los ojos cuando hablo con ellas.	☐ Centrarme en un compromiso más activo al conversar con los demás.
☐ Adoptar una postura erguida incluso cuando no parezca natural.	☐ Aceptar el rubor como una respuesta fisiológica automática.
☐ Ser más directo al hablar con los demás.	☐ Resaltar mi persona cuando estoy en situaciones sociales –por ejemplo, no rehuir la atención de los demás–.

A continuación, escriba instrucciones específicas sobre cómo podría reaccionar ante sus sentimientos de vergüenza de una manera más saludable. Las instrucciones deben ser únicas para su situación y para su forma de actuar cuando siente vergüenza. Deben centrarse en dos o tres respuestas de vergüenza que usted destacó en «El perfil de comportamiento de la vergüenza». La respuesta saludable será lo contrario a la reacción de vergüenza. Implicará alguna forma de compromiso con las personas y las situaciones a pesar de sentir vergüenza. Si tiene dificultades para crear un protocolo de comportamiento saludable, pida ayuda a su terapeuta o a alguien cercano que conozca su lucha contra la vergüenza.

Mis reacciones de vergüenza saludables: ______________________________

____

____

Si ha podido escribir una descripción sobre cómo actuar de manera no vergonzosa, es hora de ponerla en práctica. Es posible que desee comenzar practicando estas respuestas saludables con un confidente, con su pareja o con su terapeuta antes de emplearlas en situaciones de vergüenza de la vida real. A esto lo llamamos *role-playing*, y es una vieja estrategia empleada para ayudar a las personas a aprender nuevas formas de comportarse. Actuará como si no tuviera sentimientos de vergüenza, aunque los tenga. Empiece practicando estas acciones saludables en situaciones sin vergüenza a fin de desarrollar su habilidad. Luego puede emplearlas con las situaciones y las personas que desencadenan su vergüenza. Con el tiempo, estas respuesta saludables se volverán más naturales. Cuando esto ocurra, es probable que advierta una disminución de los pensamientos y los sentimientos repetitivos de vergüenza.

Joan podría optar por varios cambios de comportamiento. Evitaba a los amigos cercanos que conocieron la aventura de Eugene antes que ella. Una respuesta más saludable sería comenzar a participar con ellos en las actividades pasadas en las que solían disfrutar juntos. Joan evitaba el gimnasio porque Eugene y ella eran socios y solían acudir. Quería volver al mismo gimnasio, donde conocía al personal y le gustaban las actividades. ¿Por qué iba a permitir que Eugene la sacara del gimnasio? Que se busque él otro lugar para hacer ejercicio. Volvió a almorzar y a tomar café con sus compañeros de trabajo y a tomar la iniciativa de preguntarles cómo les iba el día. Se esforzó por establecer contacto visual, por mantener la cabeza alta y por preguntarles por sus vidas. Intentó tener más iniciativa en las conversaciones informales y se concentró en mejorar su capacidad de escucha. Con todo esto, Joan estaba tomando el control y contrarrestando su tendencia a evitar con un comportamiento más «cercano». Con el tiempo, su cambio de comportamiento daría sus frutos y experimentaría una reducción de los pensamientos repetitivos y de los sentimientos de vergüenza.

Afrontar la vergüenza con reacciones más saludables es difícil. Requiere tiempo, paciencia y práctica. Cuanto mayor sea su intolerancia a sentir vergüenza, más tiempo tardará en romper el patrón de evitación. Uno de los mayores retos a los que nos enfrentamos es pasar de la evitación al acercamiento, ya que la conducta de acercamiento provoca inicialmente un aumento de las emociones negativas, como la vergüenza. Pero junto con la toma de perspectiva, la adopción de respuestas más saludables a su vergüenza le resultará eficaz para sacudir los pensamientos y sentimientos repetitivos de vergüenza.

Resumen

En este capítulo hemos aprendido lo siguiente:

- La vergüenza es una emoción negativa intensa que implica la autoculpabilización por una acción o un comentario bochornoso hecho delante de los demás en los que la persona piensa que ha perdido la aceptación social o el respeto de los demás. Se asocia a un fuerte impulso de ocultar, evitar o escapar de situaciones que podrían desencadenar sentimientos de vergüenza.
- Cuando la vergüenza adopta la forma de pensamientos negativos repetitivos, la creencia en nuestra valía cae en picado y la angustia personal se intensifica.
- La vergüenza es el bochorno con esteroides. Cuando sentimos vergüenza, la autoculpabilidad se descontrola y estamos convencidos de que hemos perdido el respeto y la aceptación de los demás. Incluso podemos experimentar una sensación de vergüenza que alimenta el impulso de evitar, escapar o esconderse de los demás.
- Dado que la vergüenza es una emoción negativa común, es importante saber cuándo ha adquirido las propiedades del PNR que alimentan la angustia personal.
- Es posible reducir el PNR de vergüenza cuando se corrige el pensamiento inexacto y exagerado sobre la causa y la consecuencia de la experiencia de vergüenza, y se adopta una perspectiva más realista y equilibrada sobre la experiencia.

- La reducción genuina de la vergüenza requiere un cambio de comportamiento. Esto ocurre cuando la evitación y la ocultación se sustituyen por respuestas más saludables que implican la exposición directa a la vergüenza y sus desencadenantes.

¿Y ahora qué?

La vergüenza no es la única emoción negativa relacionada con las situaciones sociales negativas. La humillación es otra emoción autoconsciente muy similar a la vergüenza. Al igual que esta, afecta profundamente y puede ser una fuente importante de angustia personal y de repliegue con respecto a los demás. Sin embargo, los efectos de la humillación, el modo en que las personas la afrontan y las estrategias para superar esta experiencia debilitante son diferentes de la vergüenza. Este es el tema que abordaremos en el siguiente capítulo.

Supere la humillación

7

Tras la liberación de Francia de la ocupación nazi, a miles de jóvenes francesas acusadas de colaboración sexual y romántica con los soldados alemanes se les afeitó públicamente la cabeza y desfilaron por calles llenas de multitudes que las abucheaban. Algunas estaban medio desnudas, salpicadas de alquitrán y se les pintaron esvásticas. La intención era humillar por completo a un grupo vulnerable que se convirtió en un desahogo de la ira francesa por los años de brutalidad nazi.

Durante siglos, la humillación ha desempeñado un papel central en la tortura. La intención es provocar una crisis psicológica, despojando al individuo de su dignidad y valor humanos[1]. El efecto de la humillación extrema va mucho mas allá del dolor y el sufrimiento. Su objetivo es la degradación: destruir la autoestima de las víctimas para instilar en ellas la sensación de que son menos que humanos.

La mayoría de las personas no han sido torturadas ni se han visto obligadas a marchar por las calles llenas de multitudes burlándose de ellas. Tal vez se pregunte si este capítulo tiene alguna relevancia para su angustia personal. Por desgracia, la humillación es mucho más común de lo que usted piensa. Cada día, miles de personas son sometidas a experiencias humillantes que pueden dejar profundas cicatrices en la autoestima.

1. D. LUBAN, «Human Dignity, Humiliation, and Torture»: *Kennedy Institute of Ethics Journal* 19 (3) (2009), 211–230.

Piense por un momento en aquellas ocasiones en que usted, sus amigos o su familia experimentaron el ridículo, el desprecio, el acoso, las ofensas u otras formas de comportamiento degradante por parte de los demás. Esto puede haber ocurrido en el trabajo, en la escuela, en casa o en cualquier otra situación social. Cuando se producen estas experiencias, la humillación es un resultado común. La humillación es una emoción profundamente perturbadora que no solo resulta intensamente angustiosa, sino que también ataca el núcleo mismo del valor y la dignidad personales. La experiencia humillante suele ser inolvidable y puede considerarse como una experiencia definitoria en la vida de la persona. Esto la convierte en una candidata ideal para el pensamiento negativo repetitivo. Cuando pensamos repetidamente en nuestras experiencias pasadas de menosprecio, los sentimientos de humillación pueden enconarse durante meses e incluso años. Esto puede crear un caldero de pensamientos y sentimientos negativos que hacen que los individuos cuestionen su dignidad personal, su respeto y su valor.

Este capítulo trata de la humillación. Comenzaremos explicando las características básicas de la humillación, un estado emocional poco conocido por la mayoría de las personas. A continuación, presentaremos el caso de Martin, que había soportado años de acoso laboral. Más tarde, presentaremos dos herramientas para determinar si la humillación podría contribuir a la angustia personal. Este capítulo concluye con dos estrategias que pueden reconstruir la autoestima y la dignidad tras una experiencia humillante.

La emoción de la humillación

La humillación es *una experiencia emocional traumática que implica la pérdida del estatus social, el rechazo o la exclusión a causa de un desprecio, un desdén, una ridiculización, un acoso o una degradación imprevisibles y, por lo general, inmerecidos, infligidos por personas con más prestigio, influencia o autoridad*. El humillador es una persona con poder y autoridad sobre la víctima que lleva a cabo su ridiculización o menosprecio delante de otras personas[2]. Al igual que la vergüen-

2. L. M. Hartling y T. Luchetta, «Humiliation: Assessing the Impact of Derision, Degradation, and Debasement»: *The Journal of Primary Prevention* 19 (4) (1999), 259–278.

za, la presencia de testigos intensifica la experiencia humillante. Las víctimas de la humillación creen que el menosprecio es injusto y que el humillador es totalmente responsable de crear la experiencia traumática[3].

En el caso de la humillación, es más probable que nos acosen o nos menosprecien por ser quienes somos que por lo que hemos hecho. Es posible que un compañero de trabajo se burle de usted o le ridiculice y sienta «una antipatía instantánea» hacia usted independientemente de lo que haya hecho. La humillación no tiene nada de accidental. Los humilladores saben lo que están haciendo. Quieren despojar a la víctima del respeto que siente por sí misma e infligirle dolor emocional y sufrimiento. Suelen hacerlo delante de los demás para que la víctima también se sienta avergonzada.

Las víctimas de la humillación creen que no se merecen la ridiculización, pero son incapaces de detenerla o de defenderse[4]. Esto puede dar lugar a sentimientos de ira y a un deseo de venganza. La humillación está implicada en varios problemas de salud mental como la depresión, el suicidio y las tendencias vengativas[5]. Los efectos negativos de la humillación se ven amplificados por su contexto social. Las víctimas creen que sus deficiencias se han visto expuestas y que su valor ha disminuido ante los demás[6]. La humillación tiene un efecto acumulativo. Cuanto más prolongadas y numerosas sean las experiencias de humillación, mayor será su impacto negativo. Los pensamientos negativos repetitivos sobre la experiencia, por qué ocurrió, cómo le afectó y cómo se terminó convirtiendo en una experiencia vital definitoria intensifican sus efectos adversos. Las fantasías repetidas de venganza contra el humillador también pueden alimentar el sentimiento de humillación.

3. M. ELSHOUT, R. M. A. NEILISSEN e I. VAN BEEST, «Conceptualising Humiliation»: *Cognition and Emotion* 31 (8) (2017), 1581–1594.

4. P. GILBERT, «The Evolution of Social Attractiveness and Its Role in Shame, Humiliation, Guilt, and Therapy»: *British Journal of Medical Psychology* 70 (2) (1997), 113–147.

5. M. ELSHOUT, R. M. A. NEILISSEN e I. van BEEST, «Conceptualising Humiliation», *art. cit.*

6. D. C. KLEIN, «The Humiliation Dynamic: An Overview»: *The Journal of Primary Prevention* 12 (2) (1991), 93–121.

Una de cada cuatro mujeres estadounidenses y uno de cada nueve hombres sufren violencia física por parte de su pareja en algún momento de su vida[7]. Esto hace que nuestras relaciones íntimas sean una de las fuentes más comunes de humillación. El abuso emocional que ocurre casi universalmente en la violencia doméstica es el principal responsable de la humillación. Un aluvión de insultos, maldiciones, amenazas, gritos, vigilancia y control excesivos, comentarios degradantes y cosas por el estilo pueden tener un impacto devastador en la autoestima de una persona y contribuir a problemas de salud mental.

Los efectos tóxicos del abuso físico y emocional se deben, en parte, a la humillación[8]. Su impacto es todavía más devastador si los insultos y las burlas se producen delante de niños, de la familia, de los amigos o en lugares públicos. Si ha sido víctima de un padre o una pareja abusiva, la humillación puede ser una parte importante de los efectos persistentes del abuso. Los ejercicios y las hojas de trabajo de este capítulo le resultarán útiles en sus esfuerzos por superar la humillación relacionada con el abuso.

Más de 60 millones de trabajadores estadounidenses son víctimas de acoso laboral[9]. Este se define como «cualquier conducta abusiva repetida y perjudicial que sea amenazante, intimidante, humillante, un sabotaje laboral o un abuso verbal»[10]. La humillación es un factor común en el acoso laboral. La mayoría de nosotros trabajamos junto a otras personas en oficinas, tiendas y fábricas. Respondemos ante una figura de autoridad –un supervisor, un gerente, un director o un vicepresidente–. Esto convierte tanto al lugar de trabajo, como al hogar, en un entorno fértil para la humillación. Tomemos, por ejemplo, la humillación repetida que Martin experimentó en el trabajo.

---

7. National Coalition Against Domestic Violence (NCADV), «National Statistics». Obtenido de https://www.speakcdn.com/assets/2497/domestic_violence2.pdf el 21 de julio de 2019.
8. C. Negrao, G. A. Bonanno, J. G. Nol, F. M. Putnam y P. K. Trickett, «Shame, Humiliation, and Childhood Sexual Abuse: Distinct Contributions and Emotional Coherence»: *Child Maltreatment* 10 (4) (2005), 350–363.
9. Workplace Bullying Institute (WBI), «2017 WBI U.S. Workplace Bullying Survey». Obtenido de https://www.workplacebullying.org/multi/img/2017/Infographic-2017.png el 21 de julio de 2019.
10. *Ibíd.*, 1.

La historia de Martin: Humillado en el trabajo

Durante once años, Martin fue perito en una gran compañía de seguros. Su trabajo consistía en reunirse con los clientes para inspeccionar las pérdidas o los daños de la propiedad y, a continuación, presentar un informe en el que se recomendaba la indemnización que la aseguradora debía pagar a los clientes. El perito se enfrentaba a una labor considerable de investigación, y su informe era evaluado minuciosamente por los directivos, que querían aprobar el pago más bajo posible. Eran habituales las reuniones de grupo semanales, así como las interacciones diarias individuales entre el perito y su jefe inmediato.

Hace tres años, un nuevo jefe nombrado para supervisar la división de Martin desarrolló una antipatía instantánea hacia él. En las reuniones de grupo se mostraba ruidoso, iracundo e insultante cada vez que comentaba los informes de Martin. Criticaba en exceso los informes de Martin, algo que no hacía con los demás peritos. Hacía comentarios insultantes como: «No puedo creer que aún no te hayan despedido», «¿Cómo puedes ser tan estúpido?» o: «¿Cuánto tiempo llevas como perito?». Le puso un apodo degradante a Martin, que era un hombre de baja estatura, calvo y de piel blanca. Ridiculizaba, se burlaba y hacía bromas a costa de Martin, la mayoría de las veces delante de los demás para reírse. Le asignaba a Martin los casos más difíciles y le imponía plazos irreales. Martin era una persona reservada y de voz suave. Cuando de vez en cuando hablaba en las reuniones, el jefe le interrumpía, le regañaba o directamente ignoraba sus comentarios.

Los meses de acoso laboral comenzaron a hacer mella en la salud física y mental de Martin. Cada vez estaba más estresado, ansioso y temeroso en el trabajo. Desarrolló dificultades para dormir y se volvió más replegado. Empezó a perder la confianza en sus habilidades laborales, lo que le hacía cometer más errores. Desarrolló sentimientos de inadecuación y comenzó a sentirse deprimido. Asimismo, desarrolló intensos dolores de estómago, náuseas y diarrea, que su médico diagnosticó como síndrome del intestino irritable (SII). Sobre todo, Martin advirtió que se sentía abatido y pensaba que era indigno e inferior a los demás. Creía que había perdido el respeto de los demás, que ahora le veían como una persona débil y vulnerable.

Martin intentó detener el acoso. Intentó enfrentarse a su jefe y defenderse, pero este la ignoraba o le gritaba. Acudió al departamento de Recursos Humanos y se quejó, pero apenas se hizo nada al respecto. Luego presentó una queja formal por acoso laboral. Se llevó a cabo una investigación y se amonestó al director, pero nada cambió. El acoso continuó. Finalmente, Martin se marchó y aceptó otro trabajo peor pagado y con menos beneficios.

Sin embargo, Martin no pudo escapar de los efectos persistentes de la humillación. El acoso le había cambiado. La duda reemplazó a la confianza en sí mismo, y no logró quitarse de encima la sensación de que no era tan bueno como los demás. No se merecía este trato y, sin embargo, nadie lo detuvo. Se permitía que su tormento continuara. Le costaba confiar en los demás, se sentía amargado, traicionado y víctima de un mundo cruel y hostil.

Al igual que Martin, la experiencia del lector con la humillación puede tener su origen en el acoso laboral. O puede que esté atrapado en una relación íntima abusiva en la que se vea sometido a críticas, a desprecios y a insultos devastadores. Posiblemente no pueda dejar de pensar en una experiencia de crítica mordaz que tuvo que soportar delante de otras personas y que le hizo sentirse completamente destruido. Tal vez su humillación más significativa se remonte a su infancia o adolescencia, cuando un padre, un profesor o un amigo le hizo pedazos, dejándole con una profunda pérdida de valor, de dignidad y de autoestima.

La vida ofrece muchas oportunidades para experimentar la humillación. Una esposa de mediana edad sufrió abusos sexuales y físicos por parte de un marido que la forzó a realizar actos sexuales degradantes con otras personas. Un soldado con fuertes valores religiosos fue objeto de burlas por parte de sus compañeros y de sus superiores a causa de su forma de vida rígida y moralista. Un joven con trastorno del espectro autista fue objeto de tantas burlas, acoso y hostigamiento en su trabajo en un almacén que terminó por dejarlo. Una adolescente fue víctima de ciberacoso cuando descubrió que habían compartido fotos degradantes, falsos rumores, amenazas e información personal bochornosa en las redes sociales. Un atleta universitario pasó por una novatada que se fue de las manos, causándole un ataque inolvidable a su dignidad y a su autoestima.

¿Le resulta familiar alguna de estas experiencias? ¿Ha sido víctima de una experiencia humillante? Todos hemos tenido experiencias difíciles con personas que criticaban, menospreciaban o se burlaban. Sin duda, se sintió abochornado, quizá incluso avergonzado, y posiblemente le molestó tanto que no pudo dejar de pensar en ello durante días, o incluso semanas. Pero ¿fue una experiencia humillante? En caso afirmativo, ¿fue la humillación tan importante como para contribuir a la angustia personal que experimenta ahora? En la siguiente sección explicaremos cómo puede evaluar si sus experiencias sociales negativas pueden recibir la consideración de humillación.

Evaluación de la humillación

En ocasiones, el maltrato es involuntario, pero lo más frecuente es que lo cometan individuos infames e inseguros que se sienten exaltados al rebajar a los demás. La hostilidad, la ira, el egoísmo y la crueldad abundan en nuestras relaciones. Esto ocurre a menudo con aquellos a los que amamos y más apreciamos. Además, el maltrato suele involucrar a personas que tienen cierta autoridad o influencia significativa, como los cónyuges, los padres, los hermanos mayores, un amigo admirado, un jefe o un profesor. Para determinar si la humillación desempeña algún papel en nuestra angustia emocional, tenemos que comenzar por observar las relaciones importantes. El siguiente ejercicio le ayudará a descubrir si la humillación desempeña algún papel en sus experiencias sociales pasadas.

Ejercicio: La hoja de trabajo de las experiencias humillantes

Enumere los maltratos pasados en los que se hayan burlado de usted o en los que se le haya ridiculizado, acosado, menospreciado o minimizado delante de otras personas. Describa brevemente esta experiencia e incluya lo que le hicieron, quién estaba presente, quién le humilló y durante cuánto tiempo, y cómo se sintió al respecto. Marque con una *H* cada experiencia que se califique como humillación según los siguientes criterios:

- La(s) persona(s) que le maltrató tenía autoridad, poder o estatus sobre usted.
- El maltrato fue inesperado, repentino e inmerecido.
- Usted tenía pocas responsabilidades o culpa en el desencadenamiento del maltrato. El maltrato fue causado por ser quien es usted, no por lo que hizo.
- Al menos otra persona presenció el maltrato.
- Se sintió degradado, devaluado, débil e impotente.

1.	6.
2.	7.
3.	8.
4.	9.
5.	10.

La humillación no es simplemente un maltrato por parte de alguien con autoridad o influencia. También incluye su impacto personal y nuestros esfuerzos por afrontarlo. El siguiente ejercicio presenta una lista de consecuencias negativas y de respuestas de afrontamiento que suelen asociarse al maltrato. Esta lista de verificación es útil para determinar si los efectos persistentes de la humillación son causados por pensamientos negativos repetitivos del maltrato pasado.

Ejercicio: La lista de verificación de la humillación

Revise las experiencias de humillación que enumeró anteriormente y seleccione aquella en la que más sigue pensando. Escriba esa experiencia en el espacio provisto. A continuación, indique el grado en que cada afirmación de la lista de verificación describe (se aplica a) su respuesta al pensar en la experiencia de humillación.

Experiencia de humillación angustiante en la que más pienso: ____________________

____

____

Cuando pienso en lo que sucedió...	0 No se aplica	1 Se aplica un poco	2 Se aplica de forma moderada	3 Se aplica en gran medida	4 Se aplica por completo
1. Me enfado.					
2. Pienso en cómo me «menospreciaron» o me hicieron sentir insignificante.					
3. Puedo reexperimentar la sensación de impotencia.					
4. A menudo me imagino vengándome de la persona que me humilló.					
5. Los recuerdos de la experiencia aparecen en mi mente sin ninguna razón.					
6. Me hace sentir mal, deprimido.					
7. Pienso en el ridículo, en el acoso y en el desprecio que me hicieron sentir.					
8. Tengo dificultades para no pensar en ello.					
9. Pienso en lo injustamente que me trataron por ser quien soy y no por lo que hice.					
10. Pienso en cómo me rebajaron, me deshonraron delante de los demás.					
11. Pienso en el daño que sufrió mi autoestima.					
12. Pienso en cómo fueron violados mis límites por una persona con influencia o autoridad sobre mí.					
13. Puedo revivir la humillación de una forma muy vívida.					

Si la mayoría de sus calificaciones oscilaron entre el 2 y el 4, el pensamiento negativo repetitivo podría estar contribuyendo a su sentimiento persistente de humillación. Las puntuaciones de 0 y 1 sugieren que ha normalizado la humillación. Una vez más, considere la posibilidad de pedir ayuda a su terapeuta o a un *counselor* si ha tenido dificultades a la hora de completar la lista de verificación.

Tomemos la experiencia de Martin con el acoso laboral para comprender mejor la diferencia entre una respuesta saludable y una no saludable a la humillación. Después de encontrar un nuevo trabajo, Martin podría asimilar el maltrato pasado y regresar a un nivel saludable de autoestima y dignidad, o bien los pensamientos y recuerdos repetidos del maltrato del jefe podrían persistir durante meses, o incluso años. Podemos denominar a esto la PNR de humillación». Este tipo de humillación es más destructiva, lo que hace que Martin siga desvalorizado, deprimido y desanimado.

Ejemplo de PNR de humillación

Las respuestas de la «Lista de verificación de la humillación» indicarían que Martin sigue teniendo recuerdos intrusivos de su jefe acosador. Los recursos de humillación serían repetitivos y problemáticos si pensara en lo degradado que se sentía delante de los demás. Pensar en la impotencia que experimentó y preguntarse si él mismo se lo buscó empeoraría los recuerdos. El hecho de centrarse en su ira y en su deseo de venganza contra su humillador alimentaría el sentimiento de humillación. Además, los esfuerzos por suprimir los recuerdos de la humillación o los desencadenantes que le recordaban al jefe avivarían las llamas de la humillación.

Ejemplo de respuesta de humillación saludable

Si se le ha tratado injustamente, puede que tenga dificultades para imaginar una forma saludable de hacer frente a la humillación. El reto consiste en superar la humillación para que no se convierta en la experiencia definitoria de su vida. Si Martin se hubiera recuperado del maltrato, sus respuestas de la «Lista de verificación de la humillación» indicarían que habría restado importancia al ridículo, a las críticas y al acoso. Atribuiría el acoso a este trabajo y al carácter defectuoso de su jefe, más que a un defecto o debilidad en su propia identidad. Se daría cuenta de que sus compañeros de trabajo perderían más respeto por el jefe (el humillador) que por él mismo. Martin se negaría a dejar que la humillación influyera en sus acciones o decisiones, y se enfrentaría a los que fueron testigos del acoso laboral. Renunciaría a cualquier idea de venganza porque esto no cambiaría nada. Al final, se centraría en las experiencias que afirman su poder, aceptación e influencia con las personas significativas de su vida.

Tómese un momento para revisar sus anotaciones en los dos últimos ejercicios. ¿En qué escenario coinciden? ¿Se parecen más las respuestas del lector a la respuesta saludable de Martin a la humillación, o al ejemplo de PNR de humillación? Si su evaluación indica la presencia del PNR de humillación, los siguientes ejercicios de autocompasión y autoestima le ayudarán a reducir la humillación y a recuperar el sentido de autoestima y la dignidad.

Lo primero es lo primero: Detener la humillación

Este capítulo se centra en los efectos persistentes de la humillación. El ejercicio aborda el pensamiento negativo repetitivo sobre el maltrato pasado que provoca sentimientos de humillación y angustia. Se asume que el abuso o el maltrato han cesado.

Si usted continúa experimentando el ridículo, los insultos, el acoso o el abuso físico o emocional, es importante que descubra la manera de ponerles fin. Esto puede implicar denunciar el maltrato a fin de que se tomen medidas contra el humillador. Hay veces en que el maltrato se detiene cuando se reconoce, se controla y claramente no se tolera. En otros casos, es posible que tenga que abandonar o poner fin a una relación para evitar que se siga exponiendo a la humillación. Martin intentó buscar justicia y poner fin a los maltratos por medio de una reclamación formal, pero no tuvo éxito. Así que acabó dejando su trabajo y buscando otro empleo. Sea cual sea la línea de actuación necesaria, es importante detener el abuso o el maltrato. No podemos trabajar en la recuperación de su dignidad mientras esté siendo humillado. Por eso los siguientes ejercicios están pensados para las personas que trabajan en la recuperación de su dignidad y autoestima después de dejar una relación abusiva o de acoso.

Reducción de la humillación: Autocompasión

Si ha experimentado la humillación, sabrá que es cruel y degradante. Sin duda, usted es muy consciente del efecto que tiene a corto plazo en sus emociones y su autoestima, pero sus consecuencias a largo plazo pueden ser menos obvias. Una experiencia de humillación hace que sea mucho más difícil ser amable, cortés y compasivo con uno mismo. Tendemos a interiorizar la experiencia, por lo que dejamos de creer que merecemos amor, aceptación y respeto. Cuando esto sucede, la negatividad, la autocrítica y la autodegradación sustituyen a una actitud amable y compasiva hacia uno mismo. Por esta razón, la autocompasión es un elemento crítico en la curación y la recuperación de la humillación.

El psicólogo británico Paul Gilbert[11], fundador de la Terapia Centrada en la Compasión (CFT, por sus siglas en inglés, compassion-focused therapy), considera que la compasión es una cualidad básica que está integrada en el cerebro humano. Define la compasión como «la actitud de bondad amorosa que implica una profunda conciencia del sufrimiento unida a un fuerte deseo de aliviarlo». Gilbert afirma que los estados emocionales negativos, como la depresión, la ira, la vergüenza y la decepción, hunden sus raíces en la autocrítica y en la experiencia de ser desvalorizado por los demás. El remedio pasa por fortalecer la autocompasión mediante la práctica de ejercicios de entrenamiento mental compasivo.

Los investigadores de la CFT han detectado seis atributos de la autocompasión, que presentamos en el siguiente ejercicio[12]. Use la lista de verificación para determinar qué aspectos de la autocompasión pueden necesitar una mayor atención cuando aprenda a ser más amable e indulgente consigo mismo.

---

11. P. Gilbert, *The Compassionate Mind: A New Approach to Life's Challenges*, New Harbinger Publications, Oakland, CA 2009 (trad. esp.: *La mente compasiva: una nueva forma de enfrentarse a los desafíos vitales*, Eleftheria, Barcelona 2018).

12. *Ibíd.*; véase también K. D. Neff, *Self-Compassion: Stop Beating Yourself Up and Leave Insecurity Behind*, William Morrow, Nueva York 2011.

Ejercicio: La lista de verificación de la autocompasión

A continuación describimos los seis atributos de la autocompasión. Haga una marca para indicar si un atributo de la autocompasión se ha visto afectado negativamente por su(s) experiencia(s) de humillación.

Atributos de la autocompasión	No afectado por la(s) experiencia(s) de humillación	Afectado por la(s) experiencia(s) de humillación
Cuidado del bienestar: motivación para ser más cuidadoso consigo mismo.		
Sensibilidad: nivel de conciencia y sensibilidad de las necesidades y los sentimientos personales.		
Simpatía: apertura y capacidad de verse afectado por sus propios pensamientos, por sus necesidades y por su angustia (esto es lo contrario de ser duro e indiferente hacia uno mismo).		
Tolerancia a la angustia: capacidad de afrontar y tolerar los propios sentimientos, las situaciones y los pensamientos negativos.		
Empatía: capacidad de comprender por qué piensa y siente del modo en que lo hace.		
No crítica: capacidad de adoptar una actitud de aceptación y de no condenarse uno mismo, aunque haya sido humillado.		

Los seis atributos están basados en P. GILBERT, The Compassionate Mind: A New Approach to Life's Challenges, *op. cit., 209.*

La humillación dificulta la práctica de la autocompasión. La «Lista de verificación de la autocompasión» puede guiarnos para detectar qué aspectos de la autocompasión se han visto más afectados por las experiencias humillantes. Conviene que, al llevar a cabo el entrenamiento de la autocompasión, se centre en esos atributos. Martin, por ejemplo, podría tener dificultades para expresar la autocompasión porque el acoso en el lugar de trabajo tuvo un efecto particularmente negativo en la tolerancia a la angustia, la empatía y la ausencia de críticas. Estaba claro que Martin necesitaba centrarse en aceptar que la humillación se produjo por los defectos de carácter de su jefe, en lugar de culparse a sí mismo como la víctima. ¿Qué aspectos de la autocompasión del lector se vieron afectados por sus experiencias de humillación? ¿En qué necesita trabajar para aumentar su autocompasión?

El siguiente paso en el entrenamiento de la autocompasión tiene dos partes. En primer lugar, tendrá que enfrentarse a la(s) experiencia(s) de humillación para poder reforzar la tolerancia a la angustia, la empatía y la ausencia de crítica. Esto se hace reviviendo repetidamente la(s) experiencia(s) de humillación en su mente. Es como el ejercicio de exposición a la preocupación que hizo en el capítulo 3, solo que en esta ocasión está imaginando las experiencias pasadas de humillación. Esto puede parecer una idea terrible, porque probablemente lo último que quiera hacer es revivir esas horribles experiencias. Hay cinco razones por las que el hecho de forzarse a imaginar repetidamente la humillación puede conducir a la autocompasión:

- Su capacidad para tolerar los sentimientos negativos asociados al recuerdo de la experiencia de humillación se verá reforzada (*tolerancia a la angustia*).
- Comprenderá mejor por qué ha sentido tanta angustia y pérdida de autoestima (*empatía*).
- Mejorará su conciencia y apertura a sus sentimientos y a las necesidades asociadas a la humillación (*sensibilidad* y *simpatía*).
- Desarrollará una imagen más poderosa de bondad amorosa, que es la segunda parte del entrenamiento centrado en la compasión.
- Imaginar repetidamente la humillación acabará por amortiguar su impacto emocional.

Ejercicio: Imágenes de humillación

Basándose en la(s) experiencia(s) de humillación que enumeró en el primer ejercicio, escriba una descripción ampliada y más detallada del episodio de humillación en el espacio provisto al efecto. Si ha tenido muchas experiencias humillantes durante un período de tiempo prolongado, elija dos o tres incidentes que caractericen la situación por la que pasó. Use las siguientes afirmaciones a modo de guía para desarrollar una narrativa más detallada de la humillación.

1. Describa el lugar o la circunstancia en que se produjo la humillación.
2. Escriba las palabras o las frases exactas que empleó la persona que le humilló y que fueron especialmente denigrantes, insultantes o hirientes.

3. Incluya cualquier acto físico de agresión, actos denigrantes, gestos de menosprecio u otros comportamientos que le faltaran al respeto.
4. Incluya los nombres de las personas que fueron testigo de la humillación, su reacción, y lo que cree que pensaban y sentían.
5. Use palabras de emoción específicas para captar cómo se sintió en el momento de la humillación y poco después.
6. Incluya en su narrativa pensamientos específicos que tuvo en ese momento. ¿Tuvo pensamientos autocríticos, autoculpabilizadores y de autodesprecio? ¿Pensaba en la maldad y en la injusticia que estaba experimentando? ¿Pensaba que era inferior o menos digno que los demás?

Narrativa de la humillación: ______________________________

____

____

____

____

____

Una vez que haya creado la narrativa de la humillación, reserve de veinte a treinta minutos cada día para revivir en su mente la(s) experiencia(s) de humillación. Use la narrativa para formar un recuerdo preciso y vívido de la humillación. Al principio puede sentir una intensa angustia al imaginar la humillación, pero, con el tiempo, la angustia disminuirá. Es posible que recuerde nuevos detalles sobre la humillación cuando practique el ejercicio, de modo que tendrá que revisar la narrativa de la humillación para incluir esta nueva información.

Considere la siguiente narrativa de la humillación que Martin podría usar como parte de su entrenamiento de la autocompasión.

«Todavía puedo imaginar la sala de conferencias donde nos juntábamos para las reuniones de revisión semanales. Todos los peritos se sentaban alrededor de una mesa, con Tom (el jefe acosador) a la cabeza. Yo intentaba sentarme lo más lejos posible de él, pero él era una persona ruidosa y se mostraba siempre enfadada, de modo que siempre me sentía atrapado. Parecía mirarme con cara

> de odio, y yo podía sentir su desprecio hacia mí en cuanto entraba en la sala. Siempre empezaba la reunión con un chiste sobre la calvicie con el que tenía la impresión de ser el centro de atención, por ser el único calvo de la mesa. Preguntaba a todo el mundo por su semana de trabajo salvo a mí. Me llamaba "Sr. Brown" pero se refería a todos los demás por su nombre de pila. Me interrumpía constantemente cuando presentaba mi informe, diciendo: "Sr. Brown, ¿podría ir al grano? No tengo todo el día". Sus críticas eran especialmente fulminantes. Recuerdo comentarios como: "Estoy totalmente en desacuerdo con su conclusión", "No ha investigado lo suficiente", o: "Es obvio que no sabe de lo que está hablando". Recuerdo que los demás bajaban la mirada, buscaban en sus teléfonos y se retorcían en sus asientos mientras el jefe me ridiculizaba. Un par de amigos cercanos se acercaron a mí después y me dijeron: "Marty, no tienes que aguantar esto. Tienes que defenderte". Pero todo aquello me llenaba de vergüenza, y cada vez me sentía más ansioso por esas reuniones semanales. En un par de ocasiones tuve un ataque de pánico y tuve que salir repentinamente de la sala. Recuerdo que tuve que volver unos minutos después ante las miradas de mis compañeros y un comentario sarcástico de Tom. Me convencí de que yo no era bueno, de que era un incompetente y de que no era capaz de hacer un trabajo que antes había hecho con tanta profesionalidad».

Usted está usando el ejercicio de «Imágenes de humillación» para enfrentarse a un recuerdo y a unos sentimientos que ya existen en su propia mente. Esto reforzará su tolerancia a la angustia, la empatía y la comprensión. Si su angustia no disminuye después de diez o doce repeticiones de las imágenes de humillación, detenga el ejercicio y trabaje con su terapeuta para mejorar su respuesta. Tener una experiencia negativa con el ejercicio de imágenes puede ser un indicio de que debe consultar a un profesional de la salud mental sobre sus experiencias de humillación.

Una vez que se haya enfrentado a su recuerdo de la humillación, es el momento de darle la vuelta a la misma. No cabe duda de que el humillador desempeñó un papel destacado en su narrativa. Ahora es el momento de reescribir la narrativa e imaginar a una persona compasiva desafiando al humillador. La persona compasiva es alguien que proporciona un amor intenso, cuidado, comprensión y compasión hacia usted, la víctima de la humillación. El siguiente ejercicio explica cómo puede construir la autocompasión en torno a su(s) experiencia(s) de humillación.

Ejercicio: Imágenes compasivas

Recuerde a un padre, a un hermano, a un abuelo, a un amigo cercano, a un mentor, a un profesor o a cualquier persona que haya mostrado compasión hacia usted. Piense en las características de esta persona, como la sabiduría, la fuerza interior, el amor, la alegría y el optimismo. Recuerde cómo esta persona compasiva le ha expresado su calidez, su cariño, su bondad, su aceptación, su comprensión y su afirmación. Escriba una descripción detalladas de su persona compasiva y formas específicas en que esta persona expresó bondad amorosa hacia usted.

Persona compasiva: ____

____

____

____

____

____

A continuación, imagine que esta persona compasiva hubiera estado presente mientras usted experimentaba la humillación descrita en la narrativa anterior. ¿Qué haría esta persona compasiva si estuviera presente durante la experiencia de humillación? ¿Cómo respondería a su humillador? ¿Cómo expresaría la persona compasiva su bondad hacia usted? Escriba un escenario compasivo en el siguiente espacio valiéndose de las siguientes preguntas a modo de guía.

1. ¿Qué le diría a usted la persona compasiva para contrarrestar las burlas y los insultos del humillador?
2. ¿Cómo podría mostrar la persona compasiva amor y aceptación hacia usted (abrazarle, consolarle, etc.)?
3. ¿Qué diría la persona compasiva a quienes presenciaron la humillación y mostraron su apoyo?
4. ¿Qué diría la persona compasiva para reforzar su autoestima, su valor, su dignidad y su respeto?
5. Recuerde lo que se siente al tener el calor, el amor y la comprensión de la persona compasiva. Imagine que esta le sostiene entre sus brazos mientras se produce la humillación.

Mi narrativa compasiva: ______________________________

____

____

____

____

____

____

Después de escribir una narrativa de compasión imaginada, reserve de veinte a treinta minutos cada día para imaginar que esa persona compasiva está presente durante la humillación. Puede que este ejercicio le resulte algo más difícil, porque está inventando una nueva imagen en lugar de revivir algo que sucedió. Al principio, puede que no se sienta reconfortado con la imagen compasiva, pero gracias a la repetición descubrirá que la atención se aleja del dolor y la autocrítica y se acerca al amor y la aceptación. Esto se convertirá en la base para practicar una mayor autocompasión cada vez que le venga a la mente la humillación que experimentó.

El siguiente es un ejemplo de la narrativa de autocompasión de Martin ante el acoso laboral.

> «Desde mi más tierna infancia, mi abuelo me mostró un amor y una aceptación incondicionales. Me lo imagino sentado a mi lado durante esas terribles reuniones semanales. Era una figura imponente, fuerte y segura de sí misma. Si él hubiera estado presente, se habría enfrentado a Tom por sus comentarios insultantes. Insistiría en que me tratara de manera profesional y le recordaría a Tom mi competencia y mi meticulosidad. Me rodearía con su brazo y hablaría de la ira, la amargura y la inseguridad de Tom, el hombrecito que se sentía amenazado por mi sola presencia. Mi abuelo me recordaría lo mucho que me quieren mi familia y mis amigos y las muchas formas en que me admiran. Puedo sentir la calidez y el amor de mi abuelo, la confianza que deposita en mí, y noto que cree en mi valor y en mi bondad. Como mi abuelo era el patriarca más importante de nuestra familia extensa, la visión que tiene de mí es la más auténtica, porque me conoce profundamente desde mi nacimiento hasta ahora. Su voz y su bondad amorosa me envuelven en esta hora de necesidad».

Sabemos de manera instintiva que la compasión y el apoyo de los demás son necesarios ante un trauma, un abuso o una humillación. Es más difícil entender que también necesitamos autocompasión. La culpa, la crítica, el resentimiento y la amargura no restauran la dignidad y la autoestima. Es, más bien, la práctica del amor, la bondad, la aceptación y la comprensión lo que promueve la curación y la plenitud. Los ejercicios de esta sección pueden reforzar una actitud de autocompasión, pero usted puede hacer más cosas para superar los efectos negativos de la humillación.

Reducción de la humillación: Lo bueno que hay en mí

La humillación es una experiencia negativa drástica que distorsiona la forma en que nos vemos a nosotros mismos. Con el tiempo, llegamos al convencimiento de que somos malos, inadecuados o inútiles. ¿Le ha ocurrido esto? ¿Se ha convertido la humillación en un momento tan definitorio en su vida que se ha olvidado de su valor o de lo bueno que hay en usted? Recurrir a una mayor autocompasión no es el único camino para recuperarse de la humillación.

Un segundo camino hacia la recuperación consiste en reclamar sus atributos positivos y su valor para la familia, los amigos, el trabajo y la comunidad. Cuando la gente nos expresa aprecio, respeto y aceptación, experimentamos un aumento de la autoestima. Sin embargo, la humillación ocasiona tal ataque a nuestra dignidad y a nuestra autoestima que nos volvemos insensibles al *feedback* social positivo. La reconstrucción de la autoestima comienza prestando una mayor atención a las experiencias de aceptación y reconocimiento positivo de los demás. El siguiente ejercicio proporciona un diario para registrar las experiencias sociales en las que es usted aceptado, valorado y respetado por los demás.

Ejercicio: Diario de la autoestima

Anote en el diario las experiencias diarias en las que es aceptado, valorado o reconocido positivamente por los demás. Puede tratarse de un cumplido, de alguien que escuche respetuosamente su punto de vista, o de un gesto que le hace sentirse querido y valorado. Sea específico al escribir el ejemplo. Debe incluir lo que dijo o hizo la persona que le hizo sentirse querido y valorado. La mayoría de las interacciones sociales se producen en determinadas esferas de nuestra vida, así que escriba los ejemplos en la esfera vital relevante.

Esfera de la vida	Experiencias de valor, mérito, reconocimiento y éxito
Trabajo y escuela	
Relaciones familiares e íntimas	
Amistades y esfera social	
Salud y estado físico	
Ocio y tiempo libre	
Comunidad y actividades cívicas	
Fe espiritual y religiosa	

Pasados unos días, revise su diario de la autoestima. ¿Le ha sorprendido el número de veces en que las personas importantes en su vida han expresado elogios, reconocimiento y respeto por sus acciones, sus opiniones, sus conocimientos o su carácter? ¿Recibe una consideración más positiva en algunas áreas de su vida que en otras? ¿Qué le dicen las anotaciones de su diario sobre su dignidad, su mérito y su valor tal como los ven los demás? En caso de tener unas pocas entradas en el diario,

¿es posible que se esté perdiendo el *input* positivo de los demás? Podría sentirse tan dolido o estar tan desmoralizado a causa de la humillación que su cerebro podría estar ignorando, literalmente, el reconocimiento y el respeto de los demás. Si este es su caso, tendrá que dedicar más tiempo a recopilar anotaciones del diario. También es posible que necesite la ayuda de un terapeuta, de un amigo, de un compañero o de un miembro de la familia para reconocer la consideración positiva que recibe en su vida diaria.

Si ha sufrido múltiples incidentes de humillación durante un largo período de tiempo, la reconstrucción de su autoestima le llevará tiempo. Martin sufrió un grave acoso laboral durante años. Cuando finalmente se fue y empezó un nuevo trabajo, su autoestima estaba en su punto más bajo. Estaba convencido de que era inferior a los demás, y había perdido la confianza en sus habilidades laborales. A Martin le llevaría muchas semanas (si no meses) escribir en el «Diario de la autoestima» todas las veces que recibió el reconocimiento y el respeto de sus nuevos jefes y sus nuevos compañeros de trabajo para revertir el daño causado por el acoso laboral del pasado. Para Martin, era importante concentrarse en captar los casos de consideración positiva en el ámbito laboral, porque fue allí donde se produjo la humillación. Si la humillación del lector tuvo lugar en un contexto religioso, por ejemplo, debe centrarse en registrar ejemplos de reconocimiento y respeto dentro de esa esfera de la vida.

Posiblemente esté tratando de reconstruir su vida después de dejar una relación íntima abusiva. Es importante darse tiempo y registrar con diligencia las experiencias de amor y respeto si está en una nueva relación. Use la categoría «Relaciones familiares e íntimas» para registrar estas experiencias. Sea cual sea la esfera más relevante para usted, es necesario un gran esfuerzo para reconocer el respeto y el valor de los demás. Por desgracia, a menudo necesitamos tres o cuatro aspectos positivos para contrarrestar los efectos de uno negativo. El «Diario de la autoestima» es una herramienta que puede usar para volver a entrenar su mente y prestar atención a la consideración positiva de los demás en su vida diaria. Con el tiempo, será capaz de reconstruir el sentido de valor y autorrespeto que fue hecho añicos por los efectos de la humillación.

Resumen

En este capítulo hemos aprendido lo siguiente:

- La humillación es una experiencia emocional traumática que implica el ridículo, el desprecio, la degradación o el acoso inmerecidos por parte de alguien con mayor prestigio o autoridad.
- Los individuos que tienen pensamientos negativos repetitivos y recuerdos de la humillación experimentan el sufrimiento y el dolor emocional persistente, así como una pérdida de dignidad y autoestima.
- La «Hoja de trabajo de las experiencias humillantes» y la «Lista de verificación de la humillación» pueden ayudarle a determinar si la humillación constituye un factor importante en su angustia emocional.
- Detener la humillación debe ser el primer paso en la recuperación del trauma emocional.
- Un elemento importante en la recuperación de la humillación consiste en aprender a ser más amable, más compasivo e indulgente con uno mismo mediante ejercicios centrados en la compasión.
- El seguimiento deliberado de la consideración positiva y la afirmación de los demás es un enfoque valioso para reconstruir la autoestima, la dignidad y el respeto.

¿Y ahora qué?

La humillación es el producto de la injusticia, la maldad y la victimización. Ahora bien, no es la única emoción asociada a la injusticia. El resentimiento es otra emoción negativa que puede surgir del sentimiento de ira y amargura por lo que creemos que es una mala acción de los demás. Cuando el resentimiento persiste en la forma de un pensamiento negativo repetitivo, puede ocasionar una infelicidad, una angustia y una irritabilidad considerables. El resentimiento es el último estado emocional negativo y es el tema central del último capítulo de este cuaderno de trabajo.

Libérese del resentimiento

8

¡La vida es un asunto serio! Está llena de exigencias, responsabilidades, desafíos y problemas. Huelga decir que el hecho de vivir en el siglo XXI es muy estresante para la mayoría de personas. Las presiones que sufrimos se ven incrementadas por una sociedad competitiva en la que los logros, el éxito y el estatus se toman como medida de nuestra valía. La única forma de saber en qué punto estamos es compararnos con los demás. Todos jugamos en este juego de comparación; es tan natural como la respiración. ¡Pero ahí radica el problema! Compararnos con los demás es arriesgado porque a veces llegamos a la conclusión de que la otra persona lo está haciendo mejor. Y cuando creemos que su éxito se debe a una ventaja que no merece, el resentimiento es el resultado natural. Cuando el resentimiento persiste, puede dominar nuestra personalidad, por lo que nos mostramos susceptibles, indignados, irritables o enfadados. ¿Le describe esto a usted o a alguien que conozca? ¿Se compara con los demás solo para descubrir que parecen tener más oportunidades que usted?

Este capítulo trata del resentimiento, y comienza con la historia de Mya, que luchó contra el resentimiento que afectaba a sus relaciones más queridas. Luego profundizaremos en las principales características del resentimiento que lo convierten en una emoción difícil de controlar. A continuación, presentaremos herramientas de evaluación para determinar si el resentimiento está contribuyendo a su angustia emocional. Concluiremos con dos estrategias que pueden aliviar el estrés del resentimiento persistente. Una de ellas se centra en la gratitud, y la otra en el perdón. Ambas pueden parecer imposibles de lograr cuando experimentamos un trato injusto, pero son esenciales para superar los efectos negativos del resentimiento.

La historia de Mya: Llena de resentimiento

Mya, contable titulada y madre de dos niños en edad preescolar, tenía un estilo de vida pleno pero muy exigente. Su matrimonio de quince años con Andrew, un asesor de inversiones, era estable pero estaba un poco anquilosado debido a las exigencias de la vida diaria. Tenían cierta estabilidad financiera, se relacionaban con unos cuantos amigos cercanos y los dos estaban sanos y en buena forma física. Pero con los años, Mya había pasado de ser una estudiante universitaria relativamente feliz y despreocupada a una persona seria, más bien pesimista y cínica. Se sentía al límite la mayor parte del tiempo y se dio cuenta de que se había vuelto mucho más irritable en casa y en el trabajo. Tenía frecuentes arrebatos emocionales que hacían que se sintiera avergonzada y molesta por su escaso autocontrol. Mya se preguntaba si estaba cayendo en una depresión, pero lo que los demás veían era una mujer irritable y enfadada.

En el trabajo, Mya se quejaba a menudo de que la trataban injustamente, de que sus amigos cercanos le daban la espalda, o de que Andrew no la valoraba. Parecía que sus compañeros de trabajo recibían ventajas y que a ella la pasaban por alto. No conseguía ascensos, pero lo achacaba a que carecía de las características demográficas adecuadas. Para empeorar las cosas, sus padres, cada vez más mayores, dependían de ella, pero seguían favoreciendo a su hermana pequeña. Incluso sus propios hijos, a los que adoraba, le resultaban molestos. A ella le tocaba ocuparse de gran parte de sus cuidados rutinarios, mientras que Andrew realizaba actividades divertidas con ellos. Estaba claro que preferían a su padre antes que a ella. En todas sus interacciones en casa, en el trabajo y en la comunidad, Mya solo veía injusticia y falta de equidad.

A lo largo de los años, las experiencias de percepción de maldad dejaron en ella un rastro de resentimiento. Hacía tiempo, como hija desfavorecida, Mya llegó a estar resentida con su hermana pequeña. Estas experiencias sentaron las bases de la creencia de que la vida está llena de desigualdades e injusticias, razón por la que había que «cuidarse las espaldas». Los papeles de madre, mujer trabajadora y esposa ofrecían más oportunidades para el resentimiento. El resentimiento llegó a dominar su vida y sus interacciones con los demás. Provocaba interacciones tensas y a veces acaloradas en el trabajo, y creaba más estrés en casa. Los demás la veían como una persona difícil, susceptible y nerviosa. Siempre había algún conflicto o drama en su vida. Pero, sobre todo, el resentimiento le causaba una angustia personal considerable. Mya se estaba volviendo una persona más ansiosa y abatida, y no sabía por qué. A simple vista, Mya llevaba una vida exitosa, pero internamente se sentía frustrada, dolida y molesta. ¿Por qué no podía ser más feliz, estar más satisfecha, contenta y en paz consigo misma? Para Mya, el obstáculo para una mayor satisfacción en la vida era el resentimiento.

De sentir resentimiento estar resentido

El resentimiento es el sentimiento de disgusto, molestia o incluso enfado hacia alguien que creemos que ha obtenido una ventaja inmerecida y que causa un perjuicio, un daño o una sensación de privación en nosotros. Se la considera una de las *emociones morales*, al igual que la vergüenza, porque trata de lo que creemos que está bien frente a lo que está mal o de lo que tendría que haber sucedido. El resentimiento se centra en el comportamiento y en las características que vemos en los demás. Cuando el resentimiento se apodera de nosotros, podemos centrarnos hasta tal punto en lo incorrecto o lo injusto de los demás que no podamos ver las distorsiones de nuestro propio pensamiento. Las consecuencias negativas del resentimiento no son sorprendentes. El resentimiento persistente se asocia con la ira, la envidia y la *Schadenfreude* (disfrutar de la desgracia de los demás)[1].

En el momento, el resentimiento puede darnos una falsa sensación de fuerza porque creemos que estamos defendiendo lo que es correcto y justo. Nos creemos sabios y escépticos, y nos aseguramos de no ser víctimas de la injusticia en este mundo[2]. Esta es una de las razones por las que el resentimiento puede convertirse en una forma de pensar en los demás. Cuando esta actitud cínica se instala, caemos prisioneros de una forma de pensar resentida.

El resentimiento de Mya se vio reforzado por las circunstancias que rodearon su contratación. Un par de contables más se incorporaron a la empresa al mismo tiempo que ella. Naturalmente, Mya se mostraba muy competitiva con esas contables, y cada vez le preocupaba más el trato que ellas recibían por parte de los contables y los socios más veteranos. Empezó a hacer un recuento mental de los incentivos y los beneficios que obtenían, que parecían superar con creces todas las cosas buenas que le pasaban a ella. Al principio, esto la hizo ser más consciente y asertiva en el trabajo. Sin embargo, el resentimiento de Mya hacia sus compañeras contables creció a medida que se convenció de

1. N. T. Feather y R. Sherman, «Envy, Resentment, Schadenfreude, and Sympathy: Reactions to Deserved and Undeserved Achievement and Subsequent Failure»: *Personality and Social Psychology Bulletin* 28 (7) (2002), 953–961.

2. R. Enright, «Why Resentment Lasts—and How to Defeat It». Obtenido de https://www.psychologytoday.com/us/blog/the-forgiving-life/201703/why-resentment-lasts-and-how-defeat-it el 24 de agosto de 2019.

que estaban siendo favorecidas. Ella creía que no se lo merecían. Los pensamientos sobre el hecho de que no se la reconocía ni se la valoraba aumentaron en frecuencia, intensidad e incontrolabilidad. Todo se volvió casi insoportable cuando una de estas contables (Susan) obtuvo un ascenso que Mya creía merecer. Esto envenenó su actitud en el trabajo y llegó a afectar a su vida familiar. Mya pasaba demasiado tiempo envuelta en pensamientos negativos repetitivos sobre la injusticia en la oficina. Eso la estaba convirtiendo en una persona resentida –una mujer celosa, iracunda y rencorosa que ella misma detestaba–.

Puede que el resentimiento se haya colado en su vida, como le sucedió a Mya, lo que puede hacer que se pregunte cómo ha llegado a este punto. Tal vez recuerde épocas anteriores en las que tenía una actitud más positiva y de aceptación hacia la vida y la suerte de los demás. Pero con el paso de los años ha sufrido en sus propias carnes la injusticia, por lo que ahora el resentimiento ha supuesto una sobrecarga para su satisfacción con la vida y su bienestar emocional. Antes de poder afrontar el resentimiento de forma más eficaz, conviene que comprenda mejor sus características principales.

- *Un resultado deseado*. El resentimiento comienza con una oportunidad o resultado que deseamos para nosotros mismos. Debe ser un resultado muy valorado para que sea importante para nuestra autoestima. Puede ser algo tangible, como un ascenso laboral, la compra de la casa de nuestros sueños, unas vacaciones caras, etc. El resultado deseado puede ser menos tangible, como recibir la aprobación y la aceptación de otras personas significativas, ser reconocido por personas influyentes, ser apreciado y popular, o ser considerado como una persona influyente y de éxito. Mya deseaba en gran medida el éxito profesional porque hacía que se sintiese una persona valiosa.
- *Una persona que nos desagrada recibe el resultado que nosotros deseamos*. Cuando un resultado o un éxito deseado lo consigue una persona que nos desagrada, el resentimiento es mayor que si lo consiguiera alguien que nos agrada[3]. Si una persona que nos agrada tiene éxito, es más probable que pensemos que se lo merece. Si no nos gusta la persona,

3. A. Pietraszkiewicz y B. Wojciszke, «Joy, Schadenfreude, Sorrow, and Resentment as Responses Restoring Balance in Cognitive Units»: *Social Psychology* 45 (4) (2014), 274–285.

es probable que pensemos que el éxito ha sido inmerecido o que se ha obtenido injustamente. A Mya no le gustaba Susan, una contable de edad y experiencia laboral similares. Cada vez que se le reconocía algo a Susan, Mya podía sentir cómo aumentaba su resentimiento. Se llevaba mucho mejor con Rachel, y aunque ella ascendía más rápidamente, a Mya no le molestaba. ¿Qué personas le desagradan? ¿Es más intenso el resentimiento que siente cuando estas personas tienen éxito?

- *Juicio inmerecido*. El resentimiento es más intenso cuando creemos que la persona que nos desagrada no merecía su éxito[4]. Podemos argumentar que no es correcto o justo que hayan obtenido la ventaja o el resultado deseado. Pero nuestro juicio sobre la justicia es muy subjetivo. Rara vez hay un estándar objetivo, por lo que muchas personas pueden estar en desacuerdo con usted sobre si la persona merecía su éxito o no. Los juicios de falta de merecimiento no solo causan resentimiento, sino también el estado más extremo de *Schadenfreude*[5]. Ninguno de nosotros quiere admitir que nos complace la desgracia de los demás, pero ahí es exactamente donde nos lleva el resentimiento cuando nos consumimos juzgando si la gente es merecedora o no de sus éxitos.

  Mya no creía que su hermana pequeña mereciera los elogios y la adoración de sus padres porque vivía en la otra punta del país y no podía ayudarles en el día a día. Muchas familias son conscientes de que el amor y el aprecio de los padres son incondicionales y no dependen de lo que uno haga por ellos. Así que no estarían de acuerdo con Mya en que su hermana no merecía la adoración de sus padres. ¿Piensa usted a menudo que la gente tiene más éxito o ventajas de las que merece? ¿Suele juzgar las situaciones desde el punto de vista de la equidad, la justicia y lo que debería de haber ocurrido? De ser así, podría ser más susceptible al resentimiento.

- *Controlabilidad*. Si una persona recibe un resultado deseado que era incontrolable, como ganar la lotería, no sentimos resentimiento. Podríamos sentir envidia, pero no resentimiento ni ira. Estas emociones solo

4. N. T. Feather y R. Sherman, «Envy, Resentment, Schadenfreude, and Sympathy: Reactions to Deserved and Undeserved Achievement and Subsequent Failure», *art. cit.*

5. *Ibíd.*

se producen cuando creemos que la situación estaba bajo el control de alguien. Mya sintió resentimiento cuando Susan consiguió un ascenso. Consideraba que el ascenso era controlable porque los socios principales podrían haber tomado otra decisión.

- *Injusticia*. El resentimiento será especialmente fuerte si creemos que nos han tratado injustamente. Si esto sucede repetidamente, empezamos a vernos como una víctima. De nuevo, la injusticia es un juicio personal que los demás tal vez no compartan. Puede ser difícil determinar si hemos sido discriminados o tratados injustamente. La discriminación, los prejuicios y la injusticia son demasiado comunes en nuestra sociedad, por lo que es simplista suponer que nunca nos han tratado injustamente. Sin embargo, determinar si la injusticia es un sentimiento o un hecho resulta sencillo. Requerirá algún tipo de estándar externo, como determinar si el trato que usted recibió fue coherente con las políticas y procedimientos de contratación y promoción de la empresa. En otras ocasiones, puede ser necesario acudir a un tribunal para determinar si se le ha tratado de forma injusta. Por desgracia, a menudo no podemos recurrir a una fuente externa, por lo que nos quedamos con nuestra propia perspectiva. Cuando esa perspectiva incluye un juicio de injusticia, el resentimiento suele ser la consecuencia.
- *Pensamientos negativos repetitivos (PNR)*: Con los procesos anteriores en marcha, ahora sembramos las semillas para una cosecha de resentimiento. Pero lo que realmente impulsa todo el proceso hacia una forma no saludable de resentimiento es la presencia de PNR. Pensar repetidamente en que la otra persona ha recibido una ventaja o ha tenido un éxito que usted deseaba, en que esa persona no se merecía el éxito y en la manera injusta en que le trataron a lo largo de la experiencia difícil le harán volver al resentimiento una y otra vez. Al final, su preocupación por estos incidentes nublará su perspectiva y mancillará sus interacciones sociales. Se convertirá en una persona iracunda, y el resentimiento pasará a ser su emoción dominante. Desarrollará una mayor sensibilidad hacia la injusticia y la inequidad y creerá que la mayoría de la gente no merece sus éxitos. Es posible que se vuelva desconfiado, cínico y una persona discutidora y que se queja de todo. Nunca lo quiso, pero

se ha vuelto una persona resentida, y todo ello alimentado por el pensamiento negativo repetitivo sobre la injusticia de la vida y los éxitos que otros merecen menos que usted.

La figura 8.1 resume las características clave del camino hacia el resentimiento. Verá que el PNR es el principal conducto a través del cual estos procesos acumulan sentimientos de resentimiento.

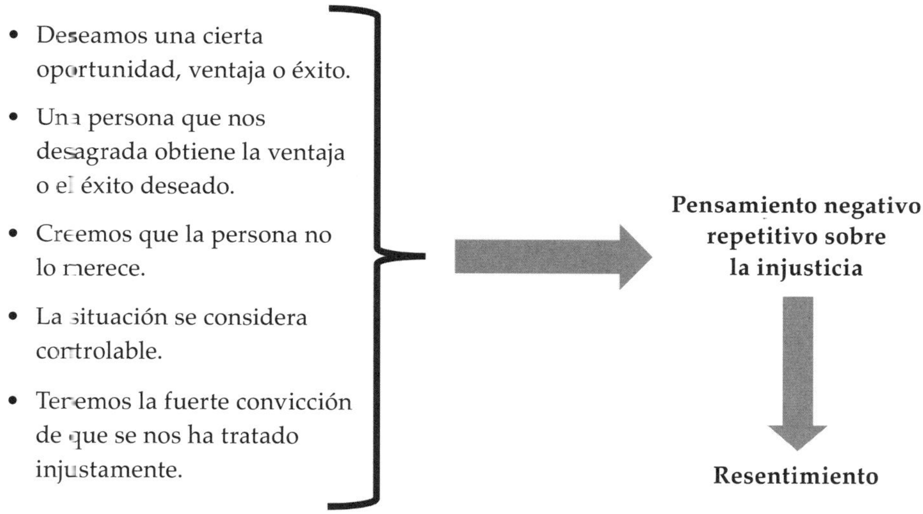

Figura 8.1. La evolución del resentimiento persistente.

Evaluar el resentimiento

El resentimiento puede observarse con más facilidad en los demás que en nosotros mismos. A menudo, otras personas lo ven en nosotros antes que nosotros mismos. El resentimiento es una emoción negativa que no nos gusta admitir, por lo que tenemos cierta tendencia a restarle importancia. Es raro que una persona descubra su resentimiento sin la ayuda de la familia, de los amigos cercanos o de los compañeros de trabajo. Esto hace que la autoevaluación del resentimiento sea más difícil que las otras emociones que hemos tratado en este cuaderno de trabajo. El siguiente ejercicio presenta algunas preguntas clave que pueden ayudarle a determinar si el resentimiento está desempeñando un papel en su angustia.

Ejercicio: Experiencias de resentimiento

Las siguientes preguntas se refieren a experiencias que son relevantes para el resentimiento. Escriba sus respuestas en los espacios provistos.

1. ¿Ha dejado de obtener una ventaja, una oportunidad o un éxito importantes debido a un trato injusto? En caso afirmativo, describa brevemente la(s) experiencia(s).

   a. ______________________________

   b. ______________________________

   c. ______________________________

2. ¿Recibió algún conocido el resultado que usted deseaba obtener? ¿Cree que merecía esa persona el éxito o la oportunidad? Explique brevemente por qué la persona no lo merecía.

   a. ______________________________

   b. ______________________________

   c. ______________________________

3. ¿Le hizo sentirse herido, irritado o incómodo la persona que no lo merecía? ¿Intenta evitar a esa persona? ¿Es usted demasiado sensible o susceptible con esta persona? De ser así, describa brevemente algunas interacciones recientes.

   a. ______________________________

   b. ______________________________

   c. ______________________________

Si ha tenido experiencias relacionadas con las preguntas anteriores, entonces se dan las condiciones para sentir resentimiento. El hecho de pensar en estas experiencias en relación con el resultado deseado, la justicia y la falta de merecimiento puede conducir al resentimiento. Por otro lado, si estas preguntas le han resultado irrelevantes, entonces es poco probable que el resentimiento sea la causa de su angustia emocional.

Tener experiencias relevantes para el resentimiento es una cosa, pero estar resentido es algo diferente. El siguiente ejercicio proporciona una lista de verificación que evalúa si el resentimiento es un problema personal importante. Los ítems de la lista de verificación se centran en su respuesta a las situaciones, pensamientos y sentimientos asociados al resentimiento.

Ejercicio: La lista de verificación del resentimiento

La siguiente lista de verificación hace referencia a los pensamientos, los sentimientos y las experiencias relacionados con el resentimiento y la ira. Use la escala de valoración de tres puntos para indicar en qué medida se aplica a usted cada afirmación.

Afirmación	0 No se aplica a mí	1 Se aplica un poco a mí	2 Se aplica mucho a mí
1. Es más probable que vea la injusticia y la falta de equidad en mi mundo que las demás personas.			
2. Soy bastante competitivo, y a menudo me comparo con otras personas.			
3. No tardo mucho en tomarme las cosas como algo personal.			
4. Tengo un fuerte sentido del bien y del mal, así como de lo que debe o debería ocurrir con nuestras acciones y decisiones que afectan a los demás.			
5. Estoy muy motivado para tener éxito, para lograr objetivos y aspiraciones que tienen cierto valor personal.			
6. Creo que he sido tratado más injustamente que la gente que conozco.			
7. Me he dado cuenta de que las personas que suelen tener éxito no se lo merecen o tienen ventajas que no merecen.			

8. A menudo pienso que no soy apreciado o valorado por las personas importantes en mi vida.			
9. A menudo me siento irritado y enfadado de que los demás tengan más ventajas que yo.			
10. Me resulta difícil alegrarme de los éxitos de otras personas.			
11. Puedo quedarme estancado pensando una y otra vez en que otra persona ha obtenido una ventaja que yo merecía más que ella.			
12. A menudo pienso en cómo podrían haberse tomado las decisiones de forma diferente para que yo tuviera el éxito en lugar de la otra persona.			
13. Reconozco que he disfrutado cuando alguien que me desagrada ha fracasado.			
14. Tengo una visión del mundo bastante cínica; asumo que la gente es egoísta e insensible.			
15. A menudo me quejo de que me han tratado mal.			
16. Es probable que la gente me considere «susceptible» y, en cierto modo, defensivo.			
17. A menudo pienso que me han despojado de oportunidades o éxitos.			
18. Hay personas de éxito en mi vida que me desagradan, pero aun así termino comparándome con ellas.			

Si ha marcado el 1 o el 2 en más de nueve ítems, es posible que esté luchando contra el resentimiento. La anterior lista de verificación es un instrumento nuevo que hemos desarrollado para este cuaderno de trabajo, de modo que todavía debe investigarse su precisión. Mientras tanto, empléela como una medida aproximada del resentimiento problemático y de sus efectos en su relación con los demás. Si solo ha marcado algunos ítems, es posible que el resentimiento no sea una emoción relevante para usted.

Mya podría haber registrado varias experiencias en la hoja de trabajo «Experiencias de resentimiento». Muchas de estas experiencias se centraban en el trabajo y en la decepción que sentía por el estancamiento de su carrera profesional. Creía firmemente que los socios principales no la querían y que, en cambio, favorecían a Susan. No le costaba nada contar las ocasiones en las que no se reconocía su duro trabajo y en las que no se la tenía en cuenta injustamente para los ascensos o los aumentos de sueldo. Estaba convencida de que Susan no destacaba en nada y de que, por tanto, no merecía toda la atención positiva que estaba recibiendo. Mya creía que el único activo de Susan era su carácter extrovertido, coqueto y manipulador, que le proporcionaba una sólida ventaja de cara a los socios masculinos. Cuanto más pensaba Mya en lo que estaba ocurriendo en la oficina, más irritada y enfadada se sentía con esos hombres tontos y con la facilidad con la que Susan podía manipularlos. Intentó evitar a Susan en la medida de lo posible, pero se sorprendió chismorreando frecuentemente sobre la política de la oficina. Sentía que sus verdaderos sentimientos de resentimiento estaban empezando a manifestarse en la oficina, y eso le molestaba. A Mya le gustaba pensar que controlaba mejor sus emociones, que podía guardar sus verdaderos sentimientos para sí misma. Pero el resentimiento estaba saliendo a la luz, y eso le molestaba mucho.

Afrontar el resentimiento

Es un insulto que a uno lo consideren como un resentido, por lo que es comprensible que la mayoría de las personas tengan dificultades a la hora de reconocer la relevancia del resentimiento en su vida. Somos conscientes de nuestra ira, de nuestra irritabilidad y de nuestra baja tolerancia a la frustración, pero nos cuesta ver el resentimiento que está causando estas emociones negativas. Si a menudo se siente enfadado e irritado, examine si el resentimiento supone un problema para usted.

Tal vez haya completado los ejercicios de evaluación y haya llegado a la conclusión de que el resentimiento es un problema para usted. De ser así, le felicito por su perspicacia, por su honestidad y por su disposición a enfrentarse con una característica indeseable en usted mismo. Hace falta valor para admitir que luchamos con algo tan feo como el resentimiento. Admitir una característica negativa de nuestra personalidad es el paso más importante hacia la integridad y la curación del resentimiento. Por otra parte, puede que los ejercicios de evaluación le hayan hecho dudar y se haya preguntado si el resentimiento es la razón por la que lucha tan a menudo con la negatividad, la ira, la envidia y los celos. Buscar la opinión de alguien que le conozca bien –cuya opinión respeta y sea capaz de aceptar– puede ser útil. Recuerde que los demás pueden ver nuestro resentimiento antes de que lo veamos nosotros mismos.

Si ha admitido su resentimiento, entonces está listo para empezar a trabajar con él. La gratitud y el perdón son dos enfoques que pueden transformar la forma en que maneja el resentimiento. Pero para usarlos de manera eficaz, primero tendrá que enfrentarse al resentimiento y admitir que es un problema en su vida.

Gratitud

Piense en la gratitud como lo contrario del resentimiento. Se trata de un estado de agradecimiento caracterizado por la apreciación de un favor o un beneficio que hemos recibido de alguien. Las personas agradecidas se saben capaces en la vida, aprecian los placeres sencillos de la vida y reconocen fácilmente cómo su vida se ha enriquecido gracias a los demás. Son capaces de ver que han recibido un resultado positivo o una ventaja de los demás, y pueden expresar su agradecimiento por este beneficio. La gratitud contribuye a la felicidad, a la satisfacción con la vida, a las emociones positivas y a mejorar las relaciones sociales[6].

La persona agradecida tiene una orientación positiva y apreciativa de la vida. Esto es muy diferente de la actitud negativa y cínica del resentimiento. El contraste es más evidente en las principales características de cada estado.

6. L. R. Dickens, «Using Gratitude to Promote Positive Change: A Series of Meta-Analyses Investigating the Effectiveness of Gratitude Interventions»: *Basic and Applied Social Psychology* 39 (4) (2017), 193–208.

Resentimiento	Gratitud
Se centra en la injusticia, la falta de equidad y el maltrato de los demás.	Se centra en el trato favorable y beneficioso de los demás.
Juzga a los demás por obtener un beneficio inmerecido sobre uno mismo.	Juzga a los demás como amables y benévolos con usted mismo.
Amargado y envidioso de los beneficios de los demás; ve su ganancia como tu pérdida.	Disfruta del éxito de los demás; aprecia su contribución a tu ganancia.
Mayor ensimismamiento y sensación de tener derecho a algo.	Mayor empatía y humildad.
Visión del mundo negativa, sospechosa y crítica.	Visión del mundo positiva, inclusiva y de aceptación.

El resentimiento es una orientación negativa que aumenta la angustia emocional, mientras que la gratitud mejora la emoción positiva y el bienestar. Esto hace que la gratitud sea una de las estrategias más poderosas para reducir el resentimiento. Ahora bien, pasar del resentimiento a la gratitud supone un gran reto. Se necesita determinación y esfuerzo para aprender la práctica de la gratitud. Pero hay buenas noticias. Las personas pueden aprender el agradecimiento y experimentar un mayor bienestar mediante el uso de *intervenciones de gratitud*[7]. A continuación encontrará un enfoque de dos pasos para expresar gratitud cuando se tienen PNR de resentimiento.

Ejercicio: Evaluar el resentimiento

El trabajo sobre el resentimiento empieza por reevaluar sus experiencias de resentimiento. Vuelva a la hoja de trabajo «Experiencias de resentimiento» y responda a las tres preguntas siguientes. Céntrese en la experiencia en la que más piense. Si tiene varias experiencias de resentimiento importantes, responda en una hoja en blanco a las tres preguntas de cada experiencia.

7. *Ibíd.*

1. Escriba una posibilidad alternativa para comprender la experiencia de resentimiento. Imagine que un observador ve lo que le ha sucedido. ¿Cómo podría concluir el observador que no hubo un trato injusto hacia usted o que la persona con la que está resentida merecía su éxito?

2. ¿Le ha salido caro el resentimiento? Haga una lista de los efectos negativos que ha causado en usted, en sus relaciones y en su capacidad para vivir una vida productiva y satisfactoria.

a.	d.
b.	e.
c.	f.

3. Si todo fuera posible, ¿cómo podría corregir la situación para que le trataran con justicia y para que la persona con la que está resentida recibiera lo que usted cree que se merece?

¿Pudo completar el ejercicio y ver sus experiencias de resentimiento de forma diferente? Primero se le pidió que escribiera una perspectiva diferente sobre la experiencia de resentimiento. A continuación, enumeró todas las consecuencias negativas de estar resentido. Y, finalmente, se le pidió que pensara de manera realista si hay algo que pueda hacer ahora con respecto a la experiencia de resentimiento. ¿Puede ver ahora, a partir de sus respuestas, la inutilidad de estar resentido? ¿Está dispuesto a abandonar el resentimiento como una reacción poco saludable a la decepción, la pérdida y el fracaso? Si no pudo responder a las preguntas, considere la posibilidad de trabajar con un amigo, con su pareja o con su terapeuta. Puede que esté tan atascado en la perspectiva del resentimiento que le resulte imposible ver la situación de forma diferente sin ayuda.

Mya se sentía a menudo molesta con sus amigos íntimos. Sospechaba que se preferían unos a otros y que rara vez tenían en cuenta sus intereses. Parecía que a menudo la invitaban en el último momento, lo que le causaba un gran resentimiento. En respuesta a la primera pregunta, Mya se dio cuenta de que un observador podría llegar a la conclusión de que ella era demasiado sensible. El observador podría recordar las numerosas ocasiones en las que se incluía a Mya en una actividad social y no se incluía a otra de sus amigas. El observador podría ofrecer otras explicaciones de por qué solían invitar a Mya en el último momento: por ejemplo, porque tenía un trabajo más exigente que las otras mujeres, por lo que sabían que disponía de menos tiempo. En lugar de verlo como una cuestión de injusticia, la alternativa consiste en pensar que sus amigas la tratan mejor de lo que ella cree.

En respuesta a la segunda pregunta, Mya podía enumerar muchas consecuencias negativas del resentimiento que se estaba desarrollando en su amistad, como (a) ser más irritable y crítica con sus amigos, (b) erosionar la aceptación de ellos y el deseo que ellos podían tener de estar cerca de ella, (c) disminuir su atractivo social para los demás, (d) reducir su red de amistades y aumentar su soledad, y (e) disminuir su sentido de valor. Mya vería en esta lista que estaba pagando un alto precio por su resentimiento hacia la amistad.

Mya podría tener dificultades para responder a la tercera pregunta, pero al final se daría cuenta de que no puede hacer nada para obligar a sus amigos a que la traten de forma diferente. En lugar de ello, tiene que tomar la iniciativa e invitarlos a actividades sociales. Además, es mejor asumir que los años de amistad significan que sus amigos la querían y la valoraban. Esto es lo que Mya pensaría y asumiría hasta que sus amigos le enviaran un mensaje claro y directo de que no la querían. Era el momento de abandonar el rencor hacia sus amigos y de trabajar para sanar el resentimiento con una actitud más positiva y agradecida.

La evaluación es el primer paso para recuperarse del resentimiento. Hay que convencerse de que el resentimiento es tóxico y de que las experiencias que parecen tan injustas pueden verse de otra manera. El lector deberá convencerse de que no hay nada que pueda hacer con el pasado y de que es hora de seguir adelante. Si puede abrazar el adagio «es lo que hay» cuando se trata de sus experiencias de resentimiento, entonces está listo para dar el siguiente paso en el proceso de curación: aprender el arte de la gratitud.

Ejercicio: El diario de gratitud

Anotar sus experiencias positivas en un diario de gratitud es un elemento clave en el entrenamiento de la gratitud. Cuantos más resultados positivos o deseables anote en su diario, mejor. Esto debería abarcar desde lo trivial hasta lo más significativo, e incluso aquello que cambia su vida. A continuación, tome nota de los individuos o las circunstancias que hicieron posible este resultado positivo. El diario debe llevarse durante varias semanas, de modo que le interesa hacer varias copias de esta hoja de trabajo.

Día	Las buenas experiencias, los resultados positivos, los beneficios o las ventajas que recibió	Las circunstancias o la(s) persona(s) que hicieron posible que esto sucediera
Domingo		
Lunes		
Martes		
Miércoles		
Jueves		
Viernes		
Sábado		

¿Ha sido capaz de anotar cada día al menos una experiencia positiva por la que podría estar agradecido? Sin duda, hay muchas experiencias que podría estar añadiendo a su «Diario de gratitud», pero es posible que se las pierda porque su atención esté centrada en otra parte. Si ha estado viviendo con resentimiento durante años, deberá practicar mucho para centrar su atención en las experiencias positivas. Tendrá que llevar el «Diario de gratitud» durante muchas semanas antes de experimentar un cambio en su actitud. Si le cuesta captar algo positivo a lo largo del día, es posible que necesite la ayuda de un amigo, de un compañero o de un terapeuta que lo guíe para prestar atención a los aspectos positivos de su vida.

Para maximizar su eficacia, el «Diario de gratitud» debería convertirse en un ejercicio de salud mental que realice a diario. Intente convertirlo en un hábito, como el ejercicio físico. Uno no esperaría que el hecho de ir una o dos veces al gimnasio produciría muchos beneficios para la salud. Lo mismo ocurre con el «Diario de gratitud». Hay que llevarlo a diario durante un largo período de tiempo. Si las anotaciones en el diario terminan convirtiéndose en un hábito, descubrirá que puede tener un impacto poderoso en el resentimiento. Esto se debe a que está pasando de la negatividad del resentimiento a la actitud positiva de la gratitud, que contribuye a la felicidad y al bienestar personal[8].

Puede hacer también otra cosa a fin de potenciar el poder de la gratitud. Pruebe a expresar agradecimiento a la persona o las personas responsables de las cosas buenas que usted ha escrito en su «Diario de gratitud». Nada ayuda más a crear una actitud de agradecimiento que respaldarla con acciones. Decirle a alguien lo mucho que aprecia la amabilidad que le manifiesta reforzará su propia inversión en gratitud.

Perdón

¿Le ha resultado difícil practicar la gratitud? Llegamos ahora a un concepto que es aún más difícil para quienes están llenos de resentimiento: el perdón. El perdón y la misericordia son ideas antiguas que son fundamentales para muchas creencias religiosas. Pero hay nuevas pruebas científicas que afirman que perdonar a quienes le trataron injustamente, a quienes obtuvieron favores y beneficios a su costa, es una manera poderosa de trabajar el resentimiento y restaurar la salud emocional[9]. El perdón no es para los débiles de corazón. Es un proceso largo, difícil y desafiante que puede llevar meses, o incluso años. No puede simplemente decidir un día perdonar e inmediatamente transformar su actitud hacia la persona con la que está resentida. Sin embargo, puede dar algunos pasos hacia ese objetivo final del perdón.

8. *Ibíd.*

9. R. D. Enright y R. P. Fitzgibbons, *Forgiveness Therapy: An Empirical Guide for Resolving Anger and Restoring Hope*, American Psychological Association, Washington, DC 2015.

Ejercicio: La carta del daño

Es natural sentirse herido cuando alguien le ha tratado injustamente. El proceso de perdón comienza con un ejercicio diseñado para ayudarle a resolver su dolor usando su imaginación. Escriba una carta de entre diez y quince líneas en la que se imagine abierta y honestamente diciéndole a la persona con la que está resentida cuánto le ha dolido su mala conducta o su tratamiento injusto hacia usted. Escriba la carta en tiempo presente para hacer ver que aún se siente herido. Una vez que haya escrito su carta del daño, programe sesiones de veinte minutos varias veces a la semana para imaginar, con convicción y emoción, que lee la carta a la persona con la que está resentida [la carta del daño es solo para su uso personal; no es aconsejable compartir la carta con la persona con la que está resentida a menos que se lo indique el terapeuta]. Tal vez quiera cambiar o añadir algo a la carta cada vez que se imagine leyéndola. Su carta debe contener los siguientes elementos:

- Una descripción de cómo le hizo daño la persona con la que está resentida.
- La intensidad y la duración del daño.
- Los efectos negativos que su mala conducta o su injusticia están teniendo en su vida y en su bienestar emocional.
- Por qué usted no se merece este trato injusto.
- Por qué cree que la persona con la que está resentida no se merece su éxito o su beneficio.
- Qué puede hacer la persona con la que está resentida para arreglar las cosas con usted.

Use este espacio para escribir su carta del daño. En caso de que necesite más espacio, use otras hojas en blanco.

¿Ha podido escribir sobre su dolor? ¿Ha advertido algún cambio en su dolor después de las diferentes sesiones imaginales? Nuestras emociones suelen suavizarse cuando nos enfrentamos repetidamente a ellas, aunque sea en nuestra imaginación. Además, es posible que haya descubierto algo nuevo sobre su herida. Tal vez haya llegado a la conclusión de que su herida es una reacción exagerada o que no se puede hacer nada al respecto porque pertenece al pasado. Posiblemente sienta que, al trabajar con su carta del daño, se acerca al punto de dejar ir.

Si ha tenido dificultades con este ejercicio, eche un vistazo a una carta de dolor que Mya podría escribir sobre Susan, que parece obtener todos los beneficios y ventajas en el trabajo.

«Susan, me has herido profundamente de muchas formas con tu actitud arrogante y por creerte con tantos derechos. Las dos empezamos a trabajar al mismo tiempo, pero desde el principio me di cuenta de que me mirabas por encima del hombro. En muchas ocasiones me has criticado o abochornado delante de los socios principales [el lector podría incluir ejemplos concretos aquí]. He tratado de ser amable, pero me has ninguneado. Te comportas de una manera manipuladora y coqueta para conseguir favores y ascensos de los socios principales. He trabajado mucho más que tú, pero nunca se me ha reconocido porque tú siempre brillabas más a sus ojos. Durante años he salido del trabajo angustiada, desanimada y sintiéndome desvalorizada. Todo esto me ha hecho dudar de mi propia competencia y de si alguna vez lograré algo en mi carrera profesional. Me he vuelto irritable, tensa e impaciente en casa. Sé que no eres más inteligente que yo ni mejor contable, pero sabes cómo conseguir lo que quieres y aplastar a cualquiera que se ponga en tu camino. No merezco que me dejes de lado así. Quiero que dejes de ser tan egoísta y tan insensible, que dejes de creerte con tantos derechos y que me trates con respeto y dignidad».

Afrontar el daño puede ser la parte más fácil del proceso de perdón. El siguiente paso es más difícil. Para perdonar, es necesario ver las cosas desde la perspectiva de la persona con la que estamos resentidos. Cuando hacemos esto, estamos en mejores condiciones de expresar comprensión, misericordia y compasión hacia esa persona. Use el siguiente ejercicio para trabajar en el cambio de su forma de pensar con respecto a la persona con la que está resentida.

Ejercicio: Lograr la trascendencia

Cuando nos sentimos enfadados, heridos o resentidos nos quedamos fácilmente atrapados en nuestra propia visión de la situación. La trascendencia implica elevarnos sobre nuestro punto de vista y adoptar el de la persona con la que estamos resentidos. Esto es, que usted, la persona que ha resultado herida, intenta ponerse en el lugar de la persona que le ha hecho daño. Esto requiere un gran cambio de actitud. Puede que tenga el derecho moral de estar enfadado o herido, pero está eligiendo abandonar ese derecho para perdonar[10]. El proceso para lograr esta comprensión trascendente implica dos pasos.

Paso 1. Escriba un relato detallado de tres incidentes de mala conducta significativos o de trato injusto que haya experimentado por parte de la persona con la que está resentida (revise la hoja de trabajo «Experiencias de resentimiento»). Describa exactamente lo que ocurrió, las circunstancias, quién estaba presente, cómo respondió usted, y cómo se sintió.

Incidente #1: ______________________________

____

____

Incidente #2: ______________________________

____

____

Incidente #3: ______________________________

____

____

Paso 2. En cada uno de los incidentes, imagine que usted es la persona con la que está resentida, esa persona que le ha tratado injustamente. Use su imaginación para convertirse en la persona con la que está resentida. Las siguientes preguntas le ayudarán con este ejercicio de imaginación.

- ¿Qué provocó que la persona con la que está resentida actuara así con usted?
- ¿Pretendía herirle el trato injusto, o el daño fue más bien fortuito?

10. *Ibíd.*

- ¿Cómo le ve la persona con la que está resentida? ¿De qué manera puede ser usted un problema para esta persona?
- ¿Se dio cuenta la persona con la que está resentida de los efectos negativos de su comportamiento?
- ¿Hay problemas personales o circunstancias vitales difíciles que hayan contribuido al trato injusto por parte de la persona con la que está resentida?

Ahora, redacte una visión más comprensiva, misericordiosa y compasiva del trato injusto por parte de la persona con la que está resentida.

Visión trascendente del incidente #1: ______________________

____

____

Visión trascendente del incidente #2: ______________________

____

____

Visión trascendente del incidente #3: ______________________

____

____

Una vez que haya hecho por escrito una descripción de cada incidente desde la perspectiva de la persona con la que está resentida (la visión trascendente), imagínese siendo usted mismo esta persona en cada uno de los incidentes varias veces a la semana. Con el tiempo, notará un cambio gradual en su actitud hacia la persona con la que está resentida. Este ejercicio le ayudará a desarrollar una actitud más indulgente hacia esta persona. También es importante anotar experiencias actuales que refuercen su visión más compasiva e indulgente de la persona con la que está resentida. ¿Hay pruebas de que esta persona no es tan mala como pensaba?

La ira y el resentimiento hacia Susan habían aumentado hasta tal punto que Mya ya no podía ver ninguna cualidad redimible en su compañera. Pero cuando empezó a trabajar en la comprensión de los incidentes desde la perspectiva de Susan, pudo sentir que se suavizaba su actitud para con una persona que merecía mucho menos de lo que había recibido. Mya se dio cuenta de que Susan había entrado tarde en la profesión y estaba intentando recuperar el tiempo perdido. Se había separado de una pareja que la maltrataba y ahora intentaba criar a dos hijos como madre soltera. Estas experiencias la habían hecho más autosuficiente, competitiva y desconfiada. Estaba decidida a no dejar que nadie se aprovechara de ella, y es probable que considerara a Mya como una amenaza para su éxito. Aunque la rudeza y el trato injusto de Susan hacia Mya no estaban justificados, esta última pudo ser más indulgente cuando pensó en las cosas desde la perspectiva de Susan.

Para experimentar los efectos curativos del perdón, no basta simplemente con pensar de forma diferente sobre la persona con la que estamos resentidos. También es importante que cambiemos nuestro comportamiento. Sin duda, el resentimiento y la amargura pueden haber hecho que usted ignore, menosprecie, critique, discuta o incluso muestre un carácter combativo con la persona con la que está resentida. El último ejercicio del proceso de perdón examina cómo puede actuar de una forma más amable, compasiva y misericordiosa hacia esta persona.

+ Actos de bondad

A continuación presentamos una lista de verificación de varios comportamientos interpersonales negativos. Marque aquellos comportamientos que describan cómo ha interactuado con la persona con la que está resentida.

☐ Ignorar	☐ Chismorrear	☐ Disfrutar con sus pérdidas, sus defectos o sus fallos
☐ Discutir	☐ Interrumpir	☐ Intentar abochornarla, rebajarla
☐ Criticar	☐ Levantar la voz, chillar	☐ Ser deshonesto, engañoso
☐ Buscar venganza	☐ Estar en desacuerdo	☐ Socavar
☐ Evitar	☐ Menospreciar	☐ Ser agresivo
☐ No establecer contacto visual	☐ Quejarse	☐ Ser exigente

A continuación, revise los puntos que ha marcado y piense cómo podría actuar de forma diferente. ¿Cuál es la forma más considerada, compasiva y misericordiosa de actuar con la persona con la que está resentida? A pesar de no merecer este mejor trato, ¿cómo puede tratar a esta persona como si la hubiera perdonado? ¿Cómo podría expresar la misericordia, que significa mostrar compasión hacia alguien que le ha ofendido? La misericordia empieza por tratar a la persona con la que está resentida de un modo más positivo, respetuoso y afirmativo. Enumere cuatro o cinco formas en que podría expresar una interacción positiva que fuera contraria a los ítems marcados.

Interacción positiva #1: ____________________

Interacción positiva #2: ____________________

Interacción positiva #3: ____________________

Interacción positiva #4: ____________________

Interacción positiva #5: ____________________

El paso final de este ejercicio consiste en participar en estas interacciones positivas con la persona con la que está resentida. Esto implica manifestar una actitud de perdón al interactuar con esta persona. Esto requerirá un gran esfuerzo y determinación, sobre todo si está tratando de corregir años de interacción negativa. Le resultará muy útil llevar un diario de sus interacciones positivas. Esta es una buena manera de motivarse y de fomentar los cambios de comportamiento que está tratando de hacer.

El perdón es un proceso que requiere tiempo y debe llevarse a cabo siguiendo su propio ritmo. Al igual que la gratitud, el perdón requiere un cambio de actitud y de perspectiva. El resentimiento, la ira y la amargura se centran en la pérdida, en la injusticia y, a menudo, en la venganza. Pueden tener un coste personal, especialmente si usted está atrapado en un pensamiento negativo persistente sobre experiencias de trato injusto. La gratitud y el perdón son enfoques efectivos que pueden liberarle de las garras del resentimiento y ayudarle a volver a centrarse en los valores y aspiraciones más preciados.

Resumen

En este capítulo hemos aprendido lo siguiente:

- El resentimiento conduce a la ira. Ocurre cuando pensamos repetidamente que hemos sido tratados injustamente, que una persona que no lo merecía obtuvo un beneficio que le ocasiona a usted una pérdida o un daño personal.
- El resentimiento es un producto de las circunstancias de la vida y de las interacciones con los demás. Las «Experiencias de resentimiento» y la «Lista de verificación del resentimiento» son herramientas de evaluación para determinar si está atrapado en sentimientos y en pensamientos repetitivos de resentimiento.
- El entrenamiento de la gratitud es una forma efectiva de contrarrestar la angustia emocional causada por pensar persistentemente en experiencias de trato injusto.
- El perdón es el antídoto más potente contra el resentimiento. Requiere una comprensión más profunda de la persona con la que está resentida, así como la práctica de la compasión y la misericordia. Es un proceso de varios pasos que requiere tiempo, esfuerzo y compromiso. Pero el perdón es una búsqueda que dura toda la vida y que nunca llega a realizarse del todo. El comprometerse a perdonar puede ser el elemento más crítico para lograr la liberación del resentimiento.

Conclusión

Enhorabuena por haber llegado a la línea de meta. Por momentos puede haber parecido una carrera de fondo o una larga sesión de ejercicios en el gimnasio. Los temas que hemos tratado –la preocupación, la rumiación, el arrepentimiento, la vergüenza, la humillación y el resentimiento– son condiciones obstinadas y desgarradoras que pueden tener efectos de gran alcance en la vida diaria. Tendemos, de manera natural, a evitar sentimientos incómodos. Hace falta perspicacia, determinación y, sí, coraje, para coger un cuaderno de trabajo sobre sentimientos y pensamientos perturbadores. Si usted ha hecho los ejercicios del cuaderno, le felicito doblemente por haber adoptado un enfoque tan activo para superar la angustia emocional. El hecho de comprometerse a aprovechar al máximo el cuaderno de trabajo es un testimonio de su fuerza e ingenio.

Dediquemos un momento a revisar algunos de los temas principales del cuaderno de trabajo. Comencemos con nuestra idea más básica: nuestra forma de pensar afecta a cómo nos sentimos. Los pensamientos negativos repetitivos (PNR) contribuyen de manera significativa a la angustia persistente, como la ansiedad, la depresión, la culpa, la ira y la vergüenza. El PNR es un pensamiento negativo no deseado, repetitivo e incontrolable que responde mejor a las estrategias de desconexión. Estas estrategias hacen hincapié en un enfoque más pasivo y de aceptación de los pensamientos repetitivos no deseados, en volver a centrarse en el momento presente y en renunciar al control mental directo. Las estrategias de desconexión para los PNR sobre el futuro (preocupación) se centran en la resolución de problemas y en la descatastrofización, mientras que las estrategias para los PNR sobre el pasado (rumiación) hacen hincapié en la reorientación de objetivos, reemplazando el «por qué» por el «cómo», así como la distracción conductual. En el caso del arrepentimiento, la desconexión implica aceptar que una decisión fallida puede ser para siempre y que hay que sustituirla por un plan alternativo que permita avanzar hacia un valor personal fundamental. Asimismo, superar el arrepentimiento implica redescubrir las razones de una mala decisión pasada. La vergüenza y humillación son emociones morales que se superan mejor adoptando una perspectiva más estrecha y realista sobre el alcance de sus efectos negativos y aprendiendo a enfrentarse a los desencadenantes más que a evitarlos. Por último, la gratitud y el perdón son las estrategias de desconexión más efectivas para los pensamientos repetitivos y los sentimientos de resentimiento.

Practicar la autoayuda sobre nuestras emociones requiere un nivel extra de comprensión, motivación y perseverancia. Al llegar al final de este cuaderno de trabajo, ha dado un paso importante hacia la curación y la plenitud. Confío en que haya aprendido a abordar su angustia persistente de forma más efectiva, pero su trabajo no ha terminado. Completar el cuaderno de trabajo es el principio, pero lo que más cuenta es la aplicación. El PNR es persistente y continuará causando estragos en sus emociones y en su vida diaria. Es recomendable que vuelva a los capítulos relevantes una y otra vez. Muchas de las estrategias son habilidades que hay que practicar. Encontrará nuevas situaciones que requerirán algunos ajustes en las estrategias para mejorar su eficacia. Además, dominar las estrategias de desconexión requiere tiempo. Cuanto más las use, mejor será su capacidad para corregir el pensamiento repetitivo y poco útil. Huelga decir que la vida es un viaje, si no un maratón. Todos encontramos nuevos retos y dificultades en el camino. Espero que el tiempo que ha pasado con este cuaderno de trabajo le haya proporcionado nuevas herramientas para hacer frente a sus sentimientos y pensamientos negativos repetitivos y angustiosos.

Agradecimientos

La idea de un cuaderno de trabajo sobre los pensamientos negativos repetitivos comenzó con un correo electrónico entusiasta que recibí de Wendy Millstine, de New Harbinger Publications. Anteriormente había escrito un cuaderno de trabajo sobre pensamientos negativos intrusivos llamado *Manual para dominar los pensamientos ansiosos* (Desclée De Brouwer, 2020). Wendy observó que los pensamientos negativos no deseados de los trastornos emocionales también vuelven una y otra vez, como si la persona deprimida o ansiosa fuera «adicta» a esta forma de pensar. Fue una observación convincente, y cuando busqué más en la literatura de investigación, encontré una categoría transdiagnóstica bastante reciente de pensamiento negativo llamada *pensamiento negativo repetitivo*. Por esa razón, le agradezco a Wendy el haber hecho saltar la chispa que culminó en este cuaderno de trabajo. Ahora bien, el desarrollo de *Cuaderno de trabajo de los pensamientos negativos* no habría sido posible sin el apoyo inquebrantable, el aliento y los consejos útiles de Ryan Buresh, mi editor de adquisiciones en New Harbinger. Estoy muy agradecida a Ryan y a Clancy Drake, que me proporcionaron valiosas indicaciones y sugerencias no solo sobre el estilo de comunicación y la organización del manuscrito, sino también sobre cuestiones clave de fondo.

La información y las estrategias de tratamiento que presentamos en este cuaderno de trabajo no habrían sido posibles sin la investigación pionera de varios psicólogos destacados, como Thomas Ehring, Susan Nolen-Hoeksema, Suzanne Segerstrom y Edward Watkins. Otros investigadores y profesionales clínicos destacados contribuyeron con conocimientos e *insights* de tratamiento fundamentales para el tratamiento de los pensamientos repetitivos, como Aaron T. Beck, Thomas Borkovec, Michel Dugas, Martin Enright, Paul Gilbert, Daniel Wegner y Adrian Wells. He contraído una enorme deuda con uno de los grandes pioneros de la TCC, el doctor Aaron T. Beck, a quien tengo el honor de conocer como mentor, amigo y coautor. Sus ideas impregnan cada página de este cuaderno de trabajo. Otras personas a las que considero mis amigas y colegas son Judy Beck, Robert Leahy, Christine Purdon, Adam Radomsky y John Riskind, con quienes me he beneficiado de muchas horas de conversaciones inspiradores a lo largo de los años. Pero estoy especialmente agradecido a los cientos de pacientes que he visto en mi consulta. He aprendido mucho de ellos al compartir sus luchas más privadas contra los sentimientos y los pensamientos repetitivos perturbadores. Sigo apreciando los sabios consejos de mi agente, Bob Diforio, que ha sido muy generoso con su tiempo, su conocimiento y su apoyo, así como con su experiencia y profesionalidad. Por último, pero no por ello menos importante, estoy en deuda con mi compañera desde hace cuatro décadas, Nancy Nason-Clark, así como con mis hijas, Natascha y Christina, que, junto con sus parejas, Jaron y Sean, han soportado mis exigencias perfeccionistas con la palabra escrita.

David A. Clark, PhD, es psicólogo clínico y profesor emérito de la Universidad de New Brunswick. Es autor o coautor de varios libros sobre la depresión, la ansiedad y el trastorno obsesivo compulsivo (TOC), entre ellos *Manual práctico para la ansiedad y las preocupaciones: la solución cognitiva conductual* (Desclée De Brouwer, 2019), con Aaron T. Beck (fundador de la terapia cognitiva), *Manual para dominar los pensamientos ansiosos* (Desclée De Brouwer, 2020) y *Cognitive-Behavioral Therapy for OCD and Its Subtypes*. Clark es miembro fundador y consultor de formación de la Academy of Cognitive and Behavioral Therapies, y miembro de la Asociación Canadiense de Psicología. Es autor del blog *The Runaway Mind*, en www.psychologytoday.com.

Robert L. Leahy, PhD, redactor del prólogo, es autor o editor de veintisiete libros, entre ellos *The Worry Cure*, *The Jealousy Cure* y *Beat the Blues*. Es director del Instituto Americano de Terapia Cognitiva en Nueva York y profesor clínico de Psicología en la Facultad de Medicina de Weill Cornell. Leahy ha aparecido en *The New York Times* y *The Wall Street Journal*, entre otros.

Títulos recomendados

Colección: Serendipity MAIOR

ISBN: 978-84-330-3090-0

Páginas: 240

Encuadernación: Rústica con solapas

Formato : 17 x 22 cm

Edición: 1ª

David A. Clark

Manual para dominar los pensamientos ansiosos

Habilidades para superar los pensamientos intrusivos no deseados que nos llevan a la ansiedad, las obsesiones y la depresión

¿Te están entorpeciendo la vida los pensamientos negativos o desagradables? Si la respuesta es sí, no estás solo. Muchas personas tienen pensamientos no deseados, molestos o desagradables de los que parece que no se pueden deshacer —pensamientos que además dan lugar a sentimientos de culpa, ansiedad, depresión y miedo. Este manual, con instrucciones paso a paso, propone métodos prácticos y efectivos que puedes utilizar directamente para conseguir distanciarte de esos pensamientos antes de que tomen el control.

David A. Clark presenta una técnica exclusiva que te ayudará a dejar atrás una amplia gama de patrones de pensamiento negativo. Con estas páginas aprenderás a romper el ciclo destructivo responsable de tu pensamiento ansioso y depresivo y a despojar a esos pensamientos desagradables de su poder —un proceso al que Clark se refiere como desintoxicación.

También aprenderás trucos para gestionar los sentimientos de culpa que a menudo pueden acompañar a esos pensamientos. Si consideras que ha llegado el momento de dejar atrás tus pensamientos intrusivos y empezar a centrarte en vivir la mejor vida posible, las potentes técnicas de este manual te ayudarán a empezar.

Colección: Serendipity
ISBN: 978-84-330-3045-0
Páginas: 192
Encuadernación: Rústica con solapas
Formato : 14 x 21 cm
Edición: 2ª

Laura Vera

La preocupación inútil

¿Te has parado a pensar en todo el tiempo y toda la energía mental que has gastado a lo largo de tu vida cada vez que te has preocupado? ¿Te has parado a pensar si ha sido útil?

Todos nos preocupamos cuando atravesamos períodos de incertidumbre y cambios, cuando debemos afrontar decisiones, cuando se presentan problemas o situaciones de conflicto... pero lo que marca la diferencia entre un malestar temporal o un sufrimiento prolongado viene dado por la manera en la que nos preocupamos.

Existe una preocupación inútil que únicamente aporta ansiedad y miedo, una preocupación que no afronta ni resuelve las dificultades, que te hace sufrir más de la cuenta y además te arrebata el momento presente. Y existe, a su vez, otro tipo de preocupación enfocada a la resolución constructiva del problema, desde la confianza en la propia capacidad personal para hacer frente a cualquier situación.

En este libro, claro, cercano, riguroso y práctico, aprenderás que es posible enfocar las preocupaciones desde una perspectiva emocional más sana para simplificar los problemas, complicarnos menos la vida y disfrutar más del momento.

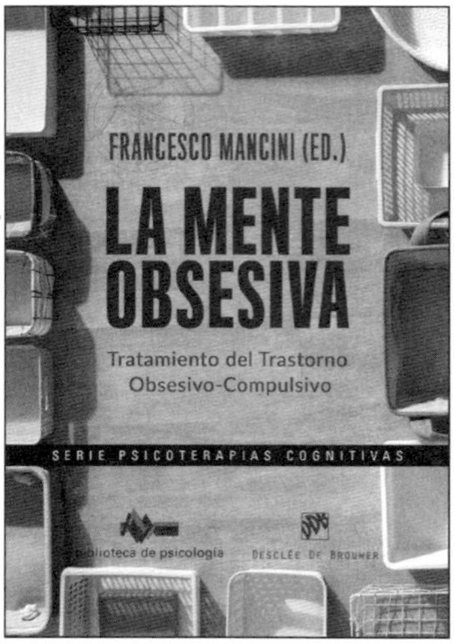

Colección: Biblioteca de Psicología
ISBN: 978-84-330-3136-5
Páginas: 544
Encuadernación: Rústica
Formato: 15 x 21 cm
Edición: 1ª

Francesco Mancini (Ed.)

La mente obsesiva

Tratamiento del trastorno obsesivo-compulsivo

El Trastorno Obsesivo-Compulsivo (TOC) comporta profundos sufrimientos y graves dificultades existenciales y relacionales. Comienza a una edad temprana y tiende a volverse crónico, poniendo en riesgo toda la existencia. En España lo padecen más de un millón de personas, de modo que constituye un importante problema sanitario: la psicoterapia, en particular la terapia cognitivo conductual, cuenta con una eficacia probada y, en general, resulta más resolutiva que los psicofármacos.

Este libro, escrito por profesionales que colaboran en el estudio y en la terapia del Trastorno Obsesivo-Compulsivo desde hace veinte años, presenta un modelo de comprensión del trastorno y de su tratamiento bien definido y basado en los resultados de la investigación experimental. La lectura es estrictamente cognitivista y se basa en los conceptos de representación y objetivo.

El TOC consiste, fundamentalmente, en los intentos de prevenir o neutralizar una culpa que, a causa de experiencias infantiles, se configura como catastrófica. Estos intentos generan, más allá de las intenciones de la persona, consecuencias intrapsíquicas e interpersonales que mantienen y agravan el propio trastorno. El tratamiento utiliza como estrategia principal la aceptación de los riesgos percibidos por la persona y la reducción de su vulnerabilidad al sentimiento de culpa.

Colección: Biblioteca de Psicología
ISBN: 978-84-330-3149-5
Páginas: 320
Encuadernación: Rústica
Formato: 15 x 21 cm
Edición: 1ª

Daniel J. Fox

Cuaderno de trabajo para el Trastorno Límite de la Personalidad

Un programa integrativo para comprender y gestionar el TLP

Si nos han diagnosticado un Trastorno Límite de la Personalidad (TLP), es posible que sintamos muchas emociones, como conmoción, vergüenza, tristeza, abandono, vacío e incluso ira. También podemos sentirnos tentados a investigar en internet nuestro diagnóstico, solo para descubrir escenarios fatales y pronósticos terribles dondequiera que miremos. Debemos saber que ninguna persona experimenta el TLP de la misma manera, y que podemos gestionarlo. Este cuaderno de trabajo será nuestra guía para conseguirlo.

En lugar de un tratamiento único para todas las personas, este exhaustivo cuaderno de trabajo abordará nuestro problema con independencia de donde nos hallemos en nuestro viaje terapéutico, brindándonos un enfoque integrado, basado en la evidencia y fundamentado en la terapia dialéctica conductual (TDC), la terapia de aceptación y compromiso (TAC), la terapia cognitivo-conductual (TCC) y la terapia interpersonal, para ayudarnos a gestionar nuestros síntomas específicos. También obtendremos una comprensión más profunda de nuestro TLP, descubriremos nuestros desencadenantes emocionales y nuestras propias motivaciones personales para propiciar un cambio positivo.

El TLP no tiene por qué limitarnos. Esta guía compasiva y práctica hará que estemos más preparados para afrontarlo, dando los primeros e importantes pasos hacia un bienestar duradero

Serendipity

DIRECTORA: OLGA CASTANYER

ÚLTIMOS TÍTULOS PUBLICADOS

181. *Aprender psicología desde el cine.* JOSÉ ANTONIO MOLINA Y MIGUEL DEL NOGAL (2ª ed.)
182. *Un día de terapia. Radiografía de las emociones.* RAFAEL ROMERO RICO
183. *No lo dejes para mañana. Guía para superar la postergación.* P.S. WIEGARTZ, PH.D., L.L. GYOERKOE, PSY.D.
184. *Yo decido. La tecnología con alma.* JOSÉ LUIS BIMBELA PEDROLA (2ª ed.)
185. *Aplicaciones de la asertividad.* OLGA CASTANYER (5ª ed.)
186. *Manual práctico para el tratamiento de la timidez y la ansiedad social. Técnicas demostradas para la superación gradual del miedo.* MARTIN M. ANTONY, PH.D Y RICHARD P. SWINSON, MD. (2ª ed.)
187. *A las alfombras felices no les gusta volar. Un libro de (~~auto~~) ayuda... a los demás.* JAVIER VIDAL-QUADRAS
188. *Gastronomía para aprender a ser feliz. PsiCocina socioafectiva.* ANTONIO RODRÍGUEZ HERNÁNDEZ
189. *Guía clínica de comunicación en oncología. Estrategias para mantener una buena relación durante la trayectoria de la enfermedad.* JUAN JOSÉ VALVERDE, MAMEN GÓMEZ COLLDEFORS Y AGUSTÍN
190. *Ponga un psiquiatra en su vida. Manual para mejorar la salud mental en tiempos de crisis.* J.C. FUERTES
191. *La magia de la PNL al descubierto.* BYRON LEWIS
192. *Tunea tus emociones.* JOSÉ MANUEL MONTERO
193. *La fuerza que tú llevas dentro. Diálogos clínicos.* ANTONIO S. GÓMEZ
194. *El origen de la infelicidad.* REYES ADORNA CASTRO
195. *El sentido de la vida es una vida con sentido. La resiliencia.* ROCÍO RIVERO LÓPEZ
196. *Focusing desde el corazón y hacia el corazón. Una guía para la transformación personal.* E. RIVEROS
197. *Programa Somne. Terapia psicológica integral para el insomnio: guía para el terapeuta y el paciente.* ANA MARÍA GONZÁLEZ PINTO • CARLOS JAVIER EGEA • SARA BARBEITO (COORDS.)
198. *Poesía terapéutica. 194 ejercicios para hacer un poema cada día.* REYES ADORNA CASTRO Y JAIME COVARSÍ CARBONERO
199. *Abre tu consciencia.* JOSÉ ANTONIO GONZÁLEZ SUÁREZ Y DAVID GONZÁLEZ PUJANA (2ª ed.)
200. *Ya no tengo el alma en pena.* ROSSE MACPHERSON
201. *Ahora que he decidido luchar con esperanza. Guía para vencer el apetito.* JOSÉ LUIS LÓPEZ MORALES, ENRIQUE JAVIER GARCÉS DE LOS FAYOS RUIZ
202. *El juego de la vida Mediterránea.* MAURO GARCÍA TORO
203. *16 Ideas para vivir de manera plena. Experiencias y reflexiones de un médico de familia.* DANIEL FRANCISCO SERRANO COLLANTES
204. *Transformación emocional. Un viaje a través de la escritura terapéutica.* NOELIA MENDIVE MORENO
205. *Acompañar en el duelo. De la ausencia de significado al significado de la ausencia.* MANUEL NEVADO, JOSÉ GONZÁLEZ (2ª ed.)
206. *Quiero aprender… a conocerme.* OLGA CAÑIZARES, DOMINGO DELGADO (2ª ed.)
207. *Quiero aprender cómo funciona mi cerebro emocional.* IVÁN BALLESTEROS (2ª ed.)
208. *Remonta tu vuelo. Más allá de la fibromialgia hacia una nueva vida.* FÁTIMA GALLASTEGUI
209. *Vivir con el trastorno límite de la personalidad. Una guía clínica para pacientes.* ÁLVARO FRÍAS (2ª ed.)
210. *Quiero aprender a quererme con asertividad.* OLGA CASTANYER (3ª ed.)
211. *Póker a la dieta. El juego para alcanzar tu peso ideal y mantenerlo de una forma natural y sencilla.* FEDERICA TROMBETTA
212. *Recupera tu autonomía y bienestar personal.* JOSÉ ANTONIO GONZÁLEZ SUÁREZ
213. *¿A qué he venido yo aquí? Guía para comprender y mejorar la memoria.* LAURA VERA PATIER
214. *Quiero aprender… a ser más eficiente en el trabajo.* YOLANDA CAÑIZARES GIL
215. *Vivir con una persona con Trastorno Límite de la Personalidad. Una guía clínica para familiares y allegados.* ÁLVARO FRÍAS IBÁÑEZ (EDITOR) (2ª ed.)
216. *La preocupación inútil.* LAURA VERA PATIER (2ª ed.)
217. *Esto de ser humano. Contemplando la luz a través de la herida.* B. RODRÍGUEZ VEGA (2ª ed.)
218. *La felicidad: qué ayuda y qué no. Psicología para entendernos.* LEOCADIO MARTÍN BORGES
219. *Alteraciones de la identidad en personas con Trastorno Límite de la Personalidad. Una guía clínica para una psicoterapia colaborativa entre paciente y profesional.* ÁLVARO FRÍAS (ED.)
220. *Disfruta en escena. Y olvida tus miedos.* ELENA MARTÍN CALVO

221. *Mente plena, corazón contento. Un programa de Mindfulness y Regulación Emocional.* Gonzalo Pereyra Sáez
222. *Quiero aprender... a gestionar mi estrés.* Elena Mendoza - Carmen Castro (2ª ed.)
223. *Mi único sí. Aprendizajes de un cáncer.* Ana Cardona
224. *Altamente capaces (y divergentes).* Rafael Pardo Fernández - Luz González Rubin
225. *Las 7 tareas espirituales del duelo.* José Carlos Bermejo
226. *Otromundo. Descubrirlo, vivirlo, comprenderlo. Una guía de viaje al mundo de las personas con demencia.* Erich Schützendorf - Jürgen Datum
227. *Reactívate. Menos medicamento y más movimiento.* Antonio Jesús Casimiro Andújar - José Antonio Sande Martínez
228. *Meditación y creación literaria. Aprende a vivir y a escribir mejor.* Pilar Blanco
229. *Me cuesta estar bien.* Rocío Rivero

Serie MAIOR

43. *Más allá de la Empatía. Una Terapia de Contacto-en-la-Relación.* Richard G. Erskine - Janet P. Moursund - Rebecca L. Trautmann (2ª ed.)
44. *El oficio que habitamos. Testimonios y reflexiones de terapeutas gestálticas.* Ángeles Martín (Ed.)
45. *El amor vanidoso. Cómo fracasan las relaciones narcisistas.* Bärbel Wardetzki
46. *Diccionario de técnicas mentales. Las mejores técnicas de la A a la Z.* Claudia Bender - Michael Draksal
47. *Humanizar la asistencia sanitaria. Aproximación al concepto.* José Carlos Bermejo (2ª ed.)
48. *Herramientas de coaching ejecutivo.* Francisco Yuste (2ª ed.)
49. *La vocación y formación del psicólogo clínico.* Aquilino Polaino-Lorente y Gema Pérez Rojo (Coords.)
50. *Detrás de la pared. Una mirada multidisciplinar acerca de los niños, niñas y adolescentes expuestos a la violencia de género.* Sofía Czalbowski (Coord.) (2ª ed.)
51. *Hazte experto en inteligencia emocional.* Olga Cañizares; Carmen García de Leaniz; Olga Castanyer; Iván Ballesteros; Elena Mendoza (2ª ed.)
52. *Counseling y cuidados paliativos.* Esperanza Santos y José Carlos Bermejo (2ª ed.)
53. *Eneagrama para terapeutas.* Carmela Ruiz de la Rosa
54. *Habilidades esenciales del counseling. Guía práctica y de aplicación.* Sandy Magnuson y Ken Norem
55. *Río, luego existo. Guía completa para curiosos, talleristas y dinamizadores de grupo. Risoterapia integrativa.* M. Rosa Parés y José Manuel Torres
56. *Fuerzas que sanan. Constelaciones sistémicas sobre enfermedad y salud.* Peter Bourquin (Ed.)
57. *Herramientas de coaching: una aplicación práctica.* Paco Yuste Pausa
58. *Ilusión positiva. Una herramienta casi mágica para construir tu vida.* Lecina Fernández
59. *Cuando nada tiene sentido. Reflexiones sobre el suicidio desde la logoterapia.* A. Rocamora Bonilla (2ª ed.)
60. *Apego y psicopatología: la ansiedad y su origen. Conceptualización y tratamiento de las patologías relacionadas con la ansiedad desde una perspectiva integradora.* Manuel Hernández Pacheco (6ª ed.)
61. *Trauma y presencia.* Peter Bourquin (Ed.)
62. *Personas altamente sensibles. Claves psicológicas y espirituales.* Rafael Pardo (2ª ed.)
63. *El eneagrama, el origen. Libro de consulta.* Macarena Moreno-Torres
64. *¿Por qué la gente a la que quiero me hace daño? Neurobiología, apego y emociones.* Manuel Hernández Pacheco (2ª ed.)
65. *El corazón de la sexualidad. La revolución de los afectos.* Alberto Mena Godoy
66. *Manual para dominar los pensamientos ansiosos. Habilidades para superar los pensamientos intrusivos no deseados que nos llevan a la ansiedad, las obsesiones y la depresión.* David A. Clark
67. *Manual de Gestión emocional para médicos y profesionales de la salud. Transformar la vulnerabilidad en recursos.* Belén Jiménez Gómez
68. *Psicología transpersonal para la vida cotidiana. Claves y recursos.* Enrique Martínez Lozano
69. *Viaje a tu cerebro. El arte de transformar tu mente.* Rosa Casafont i Vilar
70. *Apego, disociación y trauma. Trabajo práctico con el modelo PARCUVE.* M. Hernández Pacheco (2ª ed.)
71. *Cuaderno de trabajo de los pensamientos negativos. Habilidades de la TCC para superar la preocupación, la vergüenza y la rumiación repetitivas que impulsan a la ansiedad y la depresión.* David A. Clark, PhD